ちくま新書

流罪の日本史

渡邊大門
Watanabe Daimon

JN259157

1290

流罪の日本史【目次】

はじめに

「ちくしょー、島流しだ」

今でも企業などでは、人事異動の際にこうした言葉が聞かれるはずだ。この場合の島流しとは、文字どおり東京本社から地方の支店に配属されるような例に限らず、多様な意味を含んでいる。たとえば、同じ東京本社であっても、花形部署から暇な部署に追いやられることも意味しよう。

また、東京都内の支店への転勤であっても、営業成績の悪い支店への配属も島流しとなろう。あるいは、たとえ昇進を伴っていても、遠隔地や営業成績の悪い支店・部署への異動は島流しであり、決して栄転とは言えないはずである。

およそ島流しになるのは、社長や上司が交代したときの人事異動、あるいは社長や上司と部下の折り合いが悪くなったことが想起される。社長や上司は、自分の意に沿わない部下を島流しにすることにより、自らの権力を誇示しようとするのだろう。いずれにしても現代の島流しとは、人事上の報復であることはたしかなことだ。

一方、本書で取り上げる流罪とは、犯罪などに対する刑罰の一種であり、死に次ぐ重罪でもあった。天皇でさえも流罪になったことがあり、それは幕府に対して「弓を引く」という叛逆行為が理由だった。

本質的に言えば、流罪は現代の企業における左遷人事（＝島流し）のような、単なる個人的な報復を意味するものではない。同時に流罪は日本固有のものではなく、西洋や東洋にも普遍的に存在した刑罰だった。ところが、流罪に関する知識は、さほど一般には知られていないのではないだろうか。本書の執筆に際して類書を探してみると、圧倒的に多いのは江戸時代以降の研究である。参考文献を列挙すれば大変な数になる。

そうした本では流罪に関する法令の解説から始まり、島における生活に至るまで、微に入り細を穿《うが》って詳しい説明がなされている。同時に関係する史料は、豊富に残っているといえる。逆に、江戸時代より前については類書や史料が少なく、なかなか知る機会が少ない。

そもそも「島流し」といっても、実際にすべての流人が島に流されたわけではない。厳密に言えば、辺境の地に流されたのである。それゆえ「島流し」は単なる俗称であり、厳密には流罪と言うほうがいいようである。

それだけでなく、江戸時代以前における流罪に関する法の規定がどうなっていたのか、あるいは流人たちはどのような生活を送っていたのか、考えてみると疑問は尽きない。

本書は流罪の法的根拠や手続きを解説し、主として鎌倉時代以降の流罪のシステムや実態について触れたものである。おおむね中世における流罪の実態は、ほとんど知られていないので、あえてその仕組みを中心に述べることにした。

さらに流罪になった人々を取り上げ、その罪状や配流先での生活を取り上げてみた。逆に、江戸時代以降はかなりの類書や研究蓄積があるので、最低限の記述に止めている点は改めて申し上げておきたい。

流罪とはいったいなんだったろうか？　そうした疑問に答えるべく、多くの事例を踏まえて執筆したので、認識を新たにしていただけると幸いである。

第一章
流罪とは何か

†日本史上初の流罪は近親相姦

「はじめに」で記したように、流罪は日本固有の刑罰ではなく、洋の東西を問わず存在した刑罰であった。その歴史も実に古い。おおむね流罪は死罪の次に重い罪であり、ときの政権に反発した政治家、文化人、宗教者などに適用された。古い時代になればなるほど交通の便が悪いため、辺境の地は物淋しい場所であった。それゆえ流罪になった人々は、再起を期する気力を失った。それが政権の狙いだったのかもしれない。

日本の流罪は、中国から基本法典の「律令《りつりょう》」を享受したため、その影響を少なからず受けている。

日本においては、すでに五世紀頃から流罪の初見を確認することができる。第十九代の天皇の允恭《いんぎょう》天皇と皇后の忍坂大中姫《おしさかのおおなかつひめ》の間には、第二皇女の軽大娘皇女《かるのおおいらつめ》がいた。軽大娘皇女は絶世の美女であったといわれ、衣を通してその美貌をうかがい知ることができたという。それゆえに「衣通姫《そとおりひめ》」と称されたほどであった（『古事記』）。

允恭天皇の子息には、第一皇子で皇太子の木梨軽皇子《きなしのかるのみこ》がいた。軽大娘皇女から見れば同母兄である。木梨軽皇子が立太子したのは、允恭二十三年（四三四）六月のことであった。その将来は、大いに嘱望されたことであろう。

翌年六月、允恭天皇が食事をしようとすると、不吉なことに羹《あつもの》の汁が凍っていたという。本来、羹は温かい食事なので不審なことであった。驚いた天皇はすぐに占わせると、家事（家庭内のこと）に乱れたことがあるという結果が出た。むろん、羹が凍るなどということは考えられず、史実とは認めがたいところである。

すぐさま調査すると、こともあろうか木梨軽皇子は、軽大娘皇女と肉体的な関係を持ってしまったことが判明した。近親相姦である。当時も近親相姦は禁止されており、当然ながら実母、実子はもちろんのこと、自身の妻の子および妻の母との婚姻は禁じられていた。同母の兄弟姉妹についても同様であるので、木梨軽皇子と軽大娘皇女との関係も許されるものではなかった。

同時にそれは重罪であったといえる。

†流罪第一号の女性「軽大娘皇女」

処罰の結果は、明暗を分けることになった。木梨軽皇子は皇太子であるという理由で、無罪放免となり罪を許された。皇子は允恭天皇の後継者であるがゆえに、流罪を免じられたということになろう。今なら、男女差別として糾弾されるのかもしれない。軽大娘皇女は罪を問われ、流罪として伊予《いよ》国に流されたのである。つまり、流人の第一号は女性ということになる。

ところが、これには二通りの説があるようだ。まず、『古事記』によると、木梨軽皇子が反乱を起こして捕縛され、伊予国の道後《どうご》温泉（愛媛県松山市）に流されたとある。そのあとを追ってきたのが軽大娘皇女であり、二人はともに自害して果てたというのである。

一方、『日本書紀』によると、先述のとおり軽大娘皇女だけが流罪となり、木梨軽皇子が反乱を起こした末に自殺したと書かれている。いずれにしても、結末は悲劇だったのは共通するところである。

この話は史料によって経過が異なっており、多分にロマンス的な要素が含まれている。しかしながら、当時すでに近親相姦がタブー視され、その罪を犯したものが流罪という厳罰に処せられたのは誠に興味深い。

では、法律的に見たとき、流罪とはいかなるものであり、どのような仕組みになっていたのか。次に、確認することにしよう。

†律令に規定された刑罰

流罪の罰則規定は、法により定められていた。『大宝律』（大宝元年・七〇一年施行）、『養老律』（天平宝字元年・七五七年施行）がその根拠となる法令である。「律」は禁止法、刑罰法、刑法などを意味し、「令」はそれ以外の法令（民法、行政法、訴訟法、教令法、非刑罰法など）のことである。ちなみに「格」は臨時法、「式」は施行細則を意味し、補充法的な性格を持っている。

ここでは流罪について触れる前に、律令に規定された刑罰のおさらいをしておこう。わが国では、刑罰が「笞罪《ちざい》」「杖罪《じょうざい》」「徒罪《ずざい》」「流罪《るざい》」「死罪《しざい》」の五種類に分かれていた。

笞罪はもっとも軽い刑で、簡単に言えば鞭打ち刑のことである。鞭となる笞杖は木製で、長さが三尺五寸（約一メートル五センチ）で、太さは手元が三分（約九ミリ）、先端が二分（約六ミリ）と規定され、これで臀部《でんぶ》（お尻）を打ったのである。

杖罪は、笞罪の次に重い刑罰である。笞杖の形状や大きさは、笞罪で適用されるものと同じである。ただし、杖罪の刑に服する者は、獄に監禁されたというのが異なっており、その意味で重い刑とされていた。現在の日本の法律では、以上のように肉体を傷つけるような刑罰（肉刑）は、一切禁止されている。

徒罪は三番目に重い刑であり、古来から日本に存在していたことが『日本書紀』で確認できる。徒罪は労役《ろうえき》刑のことであり、おおむね一～三年を期間とした。半年を一等とし、五等までの五段階に分かれていた。こうした労役刑も日本の法律では禁止されているが、服役者には教育的な観点（出所後に仕事に就くための職業訓練）から作業が課されている。

その労役刑であるが、男子は橋を作るなどの肉体労働を科され、女子は裁縫や脱穀・精米などの軽い労働に従事した。課役（税の負担）は免除されたが、食糧は自分で用意しなければならなかった。こうした労役刑は、一種の懲罰として科されたものである。

四番目に重い罪が流罪である。なお、流罪については、先に死罪に触れてから取り上げることにしよう。

†死罪の衰退

刑罰のなかで、もっとも重い罪が死罪である。それは、現在と同じである。死罪は、首を斬る「斬《ざん》」と首を絞める「絞《こう》」の二つに分かれる。中国では首と胴体が離れると、二度と再生しないという考え方があり、「斬」のほうがより重いとされた。首を斬られてしまうと、来世に生まれ変わることがないと考えたのだ。日本でもこれに倣《なら》っている。

死刑は人々の戒めとすべく、衆目の面前で執行された。日本でも打ち首にしたあと、京都の六条河原などの目立つ場所に首が晒《さら》された。公衆の見せしめとすることにより、犯罪の抑制につなげようとしたのだろう。ただし、皇親や五位以上の者については、悪逆（尊属《そんぞく》に対する暴行・殺人）を除き、自宅で自害することを許された。

やがて、日本では死罪が徐々に廃《すた》れていく。仏教に深く帰依《きえ》していた聖武天皇は、死罪が仏教の教義の「不殺生戒《ふせつしょうかい》」に反すると考え、本来は死刑となるべき罪人に死一等を減じ流罪を適用したという。一方で、宝亀《ほうき》三年（七七二）には「格」により、盗賊と放火犯に対しては格殺《かくさつ》（殴り殺すこと）が定められた。やや矛盾するが、過渡期にあったようだ。

このような経過を経て、弘仁《こうにん》九年（八一八）に死罪は廃止された。弘仁元年（八一〇）の薬《くす》子《こ》の変において、藤原仲成《ふじわらのなかなり》が処刑されたのを最後に死罪は姿を消したのである。次に死罪が行われたのは、平治《へいじ》元年（一一五九）の平治の乱である。敗北した藤原信頼《のぶより》らが処刑されるまで、約三百五十年もの歳月を待たなければならなかった。これにより死罪に代わって、流罪が事実上もっとも重い刑になったのである。

†中国の肉刑

話は前後するが、日本の律令は中国・唐《とう》の法制を享受したものである。先の五刑に関しては、すでに中国の南北朝時代（四三九年～五八九年）に形成され、隋《ずい》（五八一年～六一八年）の時代に確立していた。

それ以前の中国においては、肉刑と死刑が主流を占めていた。肉刑とは刺青《いれずみ》を施したり、指切り、足切り、耳削《そ》ぎなど人体の一部を欠損《けっそん》させる刑である。先述のとおり、肉体の一部が切り取られることは、来世に生まれ変わることができないと考えられていたので、非常に重い刑罰と認識されていた。

ところが、前漢の時代に肉刑は衰え、やがて先に触れた五刑に定まったのである。それゆえ、日本に律令が導入されたものの、肉刑が享受されることはなかった。また、宦官《かんがん》（貴族や宮廷に仕えた、去勢《きょせい》された男子）も日本では導入されなかったが、肉刑が享受されなかったことと何か関係があるのかもしれない。

次に、本書の主題である流罪について、触れることにしよう。

†流罪とは何か

流罪とは、先述のとおり律に規定された罪名である。基本的に罪人を辺境の地に追いやり、二度ともとの居住地に戻さないものであった。一般的に「島流し」と称されるように、必ずしも離島に流すことを意味するものではなかった。流人がもとに住んでいた場所に戻れないというのは、未だに被害者が住んでいる可能性を考慮し、未然にトラブルを避けたものであろう。これは、一種の終身刑ともいえるもので、恩赦などがなければ、配所（流された場所）で生涯を終えることになる。

流罪はその罪に応じて、近流《こんる》、中流《ちゅうる》、遠流《おんる》の三つに分かれていた。ところが、『大宝律』が制定された時点では、まだ具体的な距離や場所（国名）までは記されていない。『名例律疏文《みょうれいりつそぶん》』によると、近流の国の範囲は京都を起点として四十日程度の距離としている。四十日程度といえば、相当な長い距離になる。その根拠は、次に触れる中国の事例から機械的に算出されたものが基準になっていたという。

流罪の近流、中流、遠流の三つの分類は三流《さんる》というが、それは律令の本家本元の中国からの強い影響を受けている。つまり、六世紀末期〜七世紀初頭の隋では「流《る》」を千里、二千里、三千里に分けており、七世紀初頭から十世紀初頭の唐では二千里、二千五百里、三千里になっていた。唐のほうが、近流、中流に該当する距離が隋より長くなっている。

なお、ここでいう一里とは、一般的に知られている約三・九キロメートルではなく、約五百メートルという古い基準だった。したがって、千里と言えば、約五百キロメートルになる。現在で言えば、おおむね東京から京都までの距離になろう。さすがに中国は広大な領土を誇ったので、千里でも近流だった。当時、日本でも京都を起点にすれば、関東ですら辺境の地であったが、九州、東北方面はさらに遠い地の果てであった。

流罪では、単に罪人が辺境の地に流されただけに止まらない。当該地においては、労役を科せられていたのである。また加役流《かえきる》といい、罪が大きければ、三年間（通常よりプラス二年間）の労役を科せられるケースもあった。つまり、現地でも労働の負担があり、流罪は労働刑という側面も持っていたのである。

流罪が適用されると、家族も同罪として配所に行かなくてはならなかった。それは縁座《えんざ》（連《れん》座《ざ》とも）といって、連帯責任を負わされたのである。流罪は、一種の家族刑であったといわれている所以である。

男性が罪を犯して流罪になった場合、妻と離婚して一人で配所に向かうことすら叶わなかった。現在ならば、夫婦のどちらかが犯罪を犯した場合、離婚することは珍しくないが、当時は許されなかったのだ。縁座は前近代において、広く適用されていた。

また、官人の場合は官職を取り上げられ、僧侶は還俗《げんぞく》（僧籍から俗人に戻ること）してから配所へと向かった。僧侶はいったん僧籍を失うことになり、改めてまったくの俗人として扱われたということになろう。

†刑期終了後

流人は流罪の期間を終えると、良民（税を負担する一般人）として班田《はんでん》（耕作地）を与えられ、租税を負担しなければならなかった。逆に言えば、税を負担するということは、罪を許された証でもあった。しかし、それにはいくつかの制約があった。

たとえば、殺人などの場合は、被害者の親族なりが殺人犯に復讐することも考えられた。私的な復讐は好ましいことではないが、その可能性は大いにある。それゆえ、流刑を終えた殺人犯を本貫地《ほんかんち》（もとの居住地）へ戻すのではなく、ほかの場所に強制的に住まわせた。これを移《い》郷《ごう》という。被害者意識を考慮した扱いであった。

流罪になっても、刑を適用しない特殊なルールもあった。女性が流罪になった場合は、流罪に替えて現住地に住んだまま、杖罪と徒罪の二つを科す留住法《るじゅうほう》が認められていた。おそらく女性に関しては家事労働などの負担があったので、それらを念頭に置いていたと考えられる。ここでも、男女の性差による罪の軽重を確認することができる。

流罪になった者に扶養すべき老親が存在し、当人以外に世話をする者がいない場合は、流罪に替えて自家に留まったままで老親の世話をすることも認められた。これを存留養親《そんりゅうようしん》というが、意外にもこうした人道的な配慮があったようである。

ほかに近流―贖銅《しょくどう》百斤《きん》、中流―贖銅百二十斤、遠流―贖銅百三十斤と、定められた贖銅（銅を納め実刑に替える）を負担すれば、流罪を逃れることができた。いわば実刑に替えて、罰金刑に処するということになろう。主に身分の高い者、老人、病者、子供などが対象だった。特に、老人らは配流地の生活に耐え難いと考え、格別な配慮だったと考えられる。

しかし、以上のような流罪を適用しないルールはあったものの、実際の運用例はほとんど確認できないといわれている。史料の残存度の問題であるのか、実際に適用されていなかったのかは、判然としないところである。結局、あまりに例外的な措置を講じると、本来の刑罰そのものの意味がなくなるので、適用には慎重さが期されたとも考えられる。

以上が法に定められた流罪の概要である。次に、もう少し具体的に刑の執行状況を確認することにしておこう。

†刑の執行状況

『律令』の規定にしたがって、流罪という刑罰がどのように執行されたのか、順を追って確認しておこう。多少すでに説明したことと重複することもあるが、お許し願いたい。

流人を流すときは、先述のとおり罪の軽重によって三流（近流、中流、遠流）に流すことになっていた。ただ、配流先の国の区分（どの国が遠流に該当するかなど）までは、厳密に定義されていたわけではない。

流罪や移郷の判決が確定した場合、刑を科せられた者は配所に赴かなくてはならなかった。もし万が一、流罪の確定した人が許可なく配所に赴かず、帰還もしくは逃亡したときは、すみやかに太政官《だいじょうかん》へ報告がなされた。むろん逃亡などの行為が許されるわけがなく、追跡されたのは間違いないだろう。

流人の配所先については、太政官が決定を行った。罪が軽ければ近い国で、重ければ遠い国になるのはわかるのであるが、どういった基準で配流先の国が決まるのかは定かではない。流罪の決定を明記した太政官符（太政官が管轄下にある官司に下した文書）が、罪人の身柄を収監する刑部省《ぎょうぶしょう》または諸国に到着後、すみやかに手続きがとられた。

流人は季（陰暦で、春・夏・秋・冬の末の月。三月・六月・九月・十二月）ごとに一度に送り出され、もし太政官符が季の末月に着いたときは、次の季の流人とともに配所に送った。同時に、流人に従う家族や送り出す月日が記録される。その都度流人を配所に送るのではなく、ある程度は合理的に措置がなされたようだ。まとめて流人を配所するほうが、警備の人員が節約できるなど効率的だったのであろう。

万が一、流人の妻子が出発地の遠くにいる場合は、一緒に出発できるようにあらかじめ呼び寄せて置いた。妻子を呼び寄せる間、流人を出発地で使役する場合は、使役した日数を記録して、配所に到着後はその日数が相殺《そうさい》される措置が行われた。このように罪人とはいえ、一定の配慮が全般的に認められる。

†出発後の扱い

流人を送り出す側、受け入れる側がともに警備の人員を準備すると、領送使《りょうそうし》が監督して流人を配所に送り届けた。領送使は、罪人を流刑地まで護送した役人のことで、奈良時代においては刑部省解部《ときべ》が担当した。平安時代に至ると、その役割は検非違使《けびいし》庁尉《じょう》・志《さかん》・府生《ふしょう》に代わっている。流人は罪人であるので厳密に監視が行われたのであるが、現在と変わりなくかなりシステマティックである。

流人を送り届けたあとは、太政官および最初に送った場所の刑部省または諸国に報告しなくてはならなかった。また、もといたところを出発した月日、到着日から移動期間を計算する必要があった。実は、流人を配所に送り届ける途中、道中で意味もなく滞留することがたびたびあったという。これは、少なからず問題になったようであるが、なぜ途中で長期間も滞在したのか理由が良くわからない。

次に、道中の扱いに触れておこう。流人が配所に赴く際の食糧は、途中の国が負担することになっていた。彼らは食糧を受け取っても、滞在が二日を超えてはならなかった。また、伝馬《てんま》

（公用輸送にあてた馬）の支給は、そのおりおりに決定されたという。つまり、食糧や移動の負担は、流人が負う必要がなかったのである。

流人が使役するときは、頭巾《ずきん》をかぶり、鉄製または木製の首枷《くびかせ》を付けられた。ただし、病気に罹《かか》った場合は、首枷を外すことを許された。食糧は一日につき、米一升（約一・八キロ）、塩一勺（約十八グラム）が与えられた。休暇は、旬（十日に一回程度）ごとに一日が割り当てられている。移動の自由は、当然ながら制約されたのであるが、意外に人道的であることがわかる。

おおむね以上のようにして流罪は執行され、罪人は配流先で労働に従事していた様子がうかがえる。その際、流人たちには警備が付けられ、厳重に監視されていた。ただ、食糧の支給状況や労働刑に従事した際の休暇の割り当て状況を見ると、必ずしも過酷なものとはいえなかったように思える。

†流刑地をめぐって

流罪の配流先については、近流、中流、遠流の三つに分かれていたが、未だ具体的な国名は決まっていなかった。配流先については、八世紀初頭確定することになった。

神亀《じんき》元年（七二四）の式によると、三段階（近流、中流、遠流）に分かれていた配流先が次のように定められている。

①近流——越前《えちぜん》国、安芸《あき》国
②中流——諏訪《すわ》国、伊予国
③遠流——伊豆《いず》国、安房《あわ》国、常陸《ひたち》国、佐渡《さど》国、隠岐《おき》国、土佐《とさ》国

②の諏訪国は養老五年（七二一）に設置されたが、天平三年（七三一）に信濃《しなの》国に併合された。このように決められたものの、一般的には単なる例示と考えられており、必ずしも実例とは一致しないようである。

ちなみに、京都市内から福井市（越前国）までは約百二十キロメートル、同じく広島市（安芸国）までは約三百キロメートルと同じ近流にしては距離が違い過ぎる。中流や遠流も同様に距離に差があるので、純粋に距離を測った基準とは言えないようだ。

康保《こうほう》四年（九六七）に施行された『延喜式《えんぎしき》』には、三段階（近流、中流、遠流）に分かれていた配流先について、改めて次のように規定されている。

①近流——越前国、安芸国等
②中流——信濃国、伊予国等
③遠流——伊豆国、安房国、常陸国、佐渡国、隠岐国、土佐国等

実は国名のあとに「等」と書かれているので、やはりあくまで例示の一つに過ぎなかったようである。たとえば、『中右記《ちゆうゆうき》』嘉保《かほう》元年（一〇九四）八月十七日条によると、阿波《あわ》国が近流

の国に加えられているごときである。

実際のところ、右の史料に挙がっていない、下野《しもつけ》国、淡路《あわじ》国などの諸国に配流される者もあったのである。後述するとおり、のちになると南海の孤島の鬼界ヶ島《きかいがしま》（鹿児島県）に配流される者もあらわれた。

ここで注意すべきは、必ずしも流刑地が島ではなかったことである。隠岐国、佐渡国、淡路国はたしかに島であるが、それは厳密にいえば国だった。島というよりも、むしろ遠隔地だったということになろう。伊豆七島などに流人が流され、文字どおり「島流し」と称されるようになるのは、おおむね江戸時代以降のことである。

それは、交通網の発達などと密接に関係していた。古代ならば、流刑地の国々は容易に行くことができない辺境の地も多かった。しかし、江戸時代になると、交通網が発達し事情が違ってくるので、海に浮かぶ遠い島々が選ばれたのだろう。

古代における流罪とは、いかなる人物がどのような罪で適用されたのであろうか。以下、いくつかの事例を確認することにしよう。

†姦通による流罪――石上乙麻呂

流罪となる理由はさまざまであるが、姦通《かんつう》を理由とするものがあった。流罪を適用されたのは、石上乙麻呂《いそのかみのおとまろ》なる人物である。

乙麻呂は生年不詳、天平宝勝《てんぴょうほうしょう》二年（七五〇）に没した。父・麻呂の三男である。石上氏は物部《もののべ》氏の本流の出身で、麻呂は左大臣を務めたほどの人物である。

乙麻呂は万葉歌人として知られており、『万葉集』には二首、漢詩集『懐風藻《かいふうそう》』には四首が採られている。風流な人物であった。『懐風藻』の伝によると、乙麻呂は容姿端麗だったようで、その男ぶりは優れた教養をさらに際立たせたと考えられる。

乙麻呂の出世は順調であった。天平四年（七三二）には従五位上《じゅごいじょう》・丹波守《たんばのかみ》、同十年には従四位下・左大弁に昇進した。このまま何事もなければ、明るい将来は約束されていたのであるが、そうは簡単にいかなかった。

天平十一年、乙麻呂と藤原宇合《ふじわらのうまかい》の未亡人・久米若売《くめのわかめ》との姦通が発覚したのである。若売は生年不詳、宇合と結婚して百川《ももかわ》を授かったが、宇合は天平九年に亡くなった。若売が未亡人とはいえ、二人の行為は許されなかったのである。しかも、姦通した場所が宮中であったことは、事態をさらに深刻化させた。

ことの真相は不明な点も多いが、当時、宮中において男女が交わることは、死に値する大罪であった。しかし、乙麻呂は殿上人《てんじょうびと》（五位以上）であったため、辛うじて死罪は免れ流罪となったのである。

†土佐国に流された乙麻呂

乙麻呂の配流先は、遠流にあたる土佐国であった。かなり遠い国なので、罪の大きさがうかがえる。本来なら死罪だったのであるから、やむを得ない措置だった。天平十一年三月、乙麻呂は都をあとにして土佐国に旅立った。『万葉集』第六巻に乙麻呂自身の和歌が採録されており、そのときの様子をうかがうことができる。

馬に乗った乙麻呂は、ものものしい警備のもと都を出発した。やがて、一行が真土山（待乳《まつち》山《やま》）にたどり着くと、見送りの人々と別れた。真土山は奈良県五條市と和歌山県橋本市との境にある山で、大和国の歌枕でもある。真土山から現在の大阪市の住吉（大阪市住吉区）を目指し、住吉から船に乗って四国にわたった。

乙麻呂の土佐における生活は、詳しくわかっていない。詩集『銜悲藻《かんぴそう》』二巻に苦しい胸のうちの一端が示されているが、わずかに五言詩が伝わるのみである。残念なことに、『銜悲藻』の現物は散失してしまい伝わらない。いずれにしても、都とは違って田舎であり、その生活が一変したのは事実であろう。

若売も下総《しもうさ》に流されたが、翌年には赦免《しゃめん》されている。乙麻呂の配流の期間も短かったようで、約二年程度と考えられている。重罪とは言いながらも、あっけない赦免だった。

配流の期間が短かった理由は、いろいろと考えられている。結局、この事件そのものの原因が威勢をふるった藤原氏の策謀であり、乙麻呂は無実であったとの指摘もある。それゆえ乙麻呂は生涯を土佐で送ることなく、途中で許されたのであろう。

天平十五年、乙麻呂は政界復帰を果たし、従四位上に叙せられた。以後、順調に出世を遂げ、最終的に中納言にまで昇進した。その間、第十一次の遣唐使の大使に選ばれるなど（派遣は実現しなかった）、過去の流罪を払拭する活躍を見せることができた。

乙麻呂の亡くなったのは、天平宝勝二年（七五〇）九月一日のことである。乙麻呂の流罪は、先述のとおり冤罪《えんざい》の可能性が高かったのかもしれない。

†初めて流罪となった天皇――淳仁天皇

流罪は現職の天皇に対しても、何ら躊躇することなく適用された。ここで紹介する淳仁《じゅんにん》天皇は、皇位をめぐる争いに敗れ、淡路国に流されたのである。ちなみに、流罪を適用された初めての天皇である。以下、ことの顚末を確認しよう。

天平五年（七三三）、淳仁天皇は舎人親王《とねりしんのう》の七男として誕生した。母は当麻山背《たいまのやましろ》。祖父は天武天皇であった。即位前は大炊王《おおいおう》といった。淳仁の妻は、藤原仲麻呂の長男・真従《まより》の未亡人だった粟田諸姉《あわたのもろえ》である。二人が結婚したのは、立太子《りったいし》（正式な皇太子となること）される以前のことである。

結婚した淳仁は、仲麻呂の邸宅・田村第《てい》に居住していた。こうして仲麻呂は、天皇家と外戚関係を結ぶことに成功する。

仲麻呂は武智麻呂《むちまろ》の次男であったが、武智麻呂ら藤原四卿《よんきよう》の没後、異例のスピードで昇進を遂げた。叔母の光明皇后の寵愛を一身に受け、従妹の孝謙天皇が即位すると、紫微《しび》令（皇后宮職である紫微中台の長官）に就任し、権勢を振るうようになった。

天平勝宝九年（七五七）、これに対抗して橘奈良麻呂《たちばなのならまろ》らが仲麻呂の打倒を計画するが、事前に陰謀が発覚し失敗（橘奈良麻呂の乱）。捕らえられた奈良麻呂は獄中死する。奈良麻呂の打倒に成功し、仲麻呂の威勢は衰えることがなかった。

ここから仲麻呂の策謀は、着々と進行した。天平勝宝八年の時点で、天武天皇の皇子・新田《にいた》部《べ》親王《しんのう》の子息の道祖王《ふなどおう》は、孝謙天皇の皇太子となっていた。しかし、その翌年、仲麻呂は道祖王の素行不良を理由に挙げ皇太子の地位を廃し、代わりに淳仁を皇太子にしたのである。

仲麻呂の策は見事に的中し、天平宝字《ほうじ》二年（七五八）の孝謙の譲位により、淳仁が即位したのである。仲麻呂による傀儡政権の誕生であった。姻戚関係をもとにして、天皇の代わりに権勢を掌握した例は、多々見られるところだ。

ところが、天平宝字四年に頼みとする光明皇后が亡くなると、仲麻呂と孝謙との不和が表面化する。孝謙が信頼していたのは、道鏡《どうきょう》であった。

やがて、道鏡の処遇をめぐって、仲麻呂と孝謙との関係は悪化し、道鏡の台頭を恐れた仲麻呂はついに挙兵した（藤原仲麻呂の乱）。天平宝字八年のことである。結局、仲麻呂は敗北を喫し、最後は討たれてしまったのである。

†淡路国に流された淳仁天皇

仲麻呂敗死のとばっちりを受けたのが淳仁であった。仲麻呂の討伐後、兵は淳仁を彼のいた中宮院で捕らえると、むりやり平城京内の図書寮《ずしょ》に連行した。そして、淳仁は仲麻呂の連座により、天皇から親王の地位に戻され廃帝となり、淡路国に流されることになった。淡路国は特に配流先としての規定がないものの、京都からは比較的近い。したがって、海を隔てていたとはいえ、何らかの配慮があったとも考えられる。

淡路国に流された淳仁は、「淡路の公《きみ》」と称されることになった（淡路廃帝とも）。こうして淳仁は天皇から、一囚人へと転落したのである。淳仁のあとの天皇には、孝謙が重祚《ちょうそ》（再び天皇になること）し称徳天皇と名乗り皇位を継いだ。

淳仁は罪人として淡路国にあったが、その扱いは普通の流人と違っていたようである。称徳は淳仁に淡路国を与え、宣物や調庸《ちょうよう》（貢物と労役）の扱いも任せたという。流人としては異例、あるいは破格の扱いといえよう。淳仁はもと天皇だったので、それなりに敬意を払い、扱いを寛大にしていたようである。

しかし、称徳は淳仁の流罪を許すことは一向になく、淡路守の佐伯宿禰助《さえきのすくねたすく》には厳重な監視を命じていた。扱いが違うとはいえ、淳仁が逃亡すること、あるいは彼を擁立して謀反を起こす勢力を警戒していた。未だに淳仁を慕う人々が少なからずいたのであろう。

天平神護《じんご》元年（七六五）十月二十二日、意を決した淳仁は逃亡を企てた。流された翌年のことである。ところが、この企ては失敗に終わり、淳仁は淡路の兵に捕えられた。淡路には淳仁の手勢は少なく、捕えられるのにさほど時間はかからなかったかもしれない。その翌日、淳仁は亡くなった。自害したといわれている。

淳仁の場合は、天皇の地位にあったがゆえに死罪は憚られたのであろう。それゆえ流刑地も淡路という近い国とし、処遇も相応のものとした。流罪としては、過酷な部類に入らないのかもしれない。ただ、淳仁にとっては淡路の生活は不遇であり、逃亡を企てた。それは悲劇をもたらしたのである。なお、淳仁の御陵《ごりょう》は兵庫県南あわじ市賀集《がしゅう》にある。

†怨霊となった流人――崇徳天皇

もう一人、流罪となった天皇を取り上げておこう。それは、保元元年（一一五六）の保元の乱で後白河法皇に敗れ、讃岐《さぬき》国に流された崇徳《すとく》天皇である。

崇徳天皇は鳥羽天皇の第一皇子として、元永《げんえい》二年（一一一九）に誕生した。普通ならば、順調に天皇位につき、そのまま生涯を終えるはずであった。

崇徳天皇には、出生にまつわるユニークな説が残っている。本当は曾祖父である白河法皇の実子といわれており、それゆえ鳥羽が崇徳を「叔父子」と呼んでいたというのである（『古事談』）。そうした事情もあったのか、保安四年（一一二三）に白河の意に沿った形で、鳥羽は崇徳に天皇位を譲り上皇となった。崇徳は五歳であった。

大治《だいじ》四年（一一二九）に白河が崩御し、鳥羽の院政が開始されると、情勢は崇徳にとって悪いほうに傾いた。特に、保延《ほうえん》六年（一一四〇）、源雅定《みなもとのまささだ》を左大将に任命するか否かをめぐって、二人は決定的に対立するのである。

そうしたことも災いし、永治《えいじ》元年（一一四一）に天皇位が異母弟の近衛《このえ》に譲られてしまった。崇徳は、本来ならば子息の重仁《しげひと》親王が継ぐべきと思っていたが、そうはならなかったのだ。崇徳と鳥羽の険悪な関係は、崇徳の譲位後も解消されることがなかった。

久寿《きゅうじゅ》二年（一一五五）、近衛がわずか十七歳で夭折《ようせつ》した。崇徳は今度こそ子息・重仁親王の即位を期待したが、結局は同母弟の後白河天皇が新天皇になった。それだけでなく、皇太子には後白河の子息・守仁《もりひと》親王が選ばれた。つまり、崇徳の子孫は、以後の天皇位につく望みを完全に断たれたということになろう。

保元元年（一一五六）、鳥羽が崩御した。鳥羽の死をきっかけにして、崇徳と後白河の対立が徐々に表面化する。

折しも摂関家《せっかんけ》内部では、摂政の職をめぐって藤原頼長《よりなが》と藤原忠通《ただみち》の兄弟関係が悪化していた。天皇家と同じく、激しい権力闘争が繰り広げられたのだ。こうした事情も相俟《ま》って、崇徳・頼長方は源為義《ためよし》と平忠正を味方にし、後白河・忠通方は源義朝と平清盛に応援を依頼し、両者は戦った。これが保元の乱である。

結果のみを記すと、勝ったのは後白河・忠通方であった。敗退した崇徳方は敗北し、ある者は戦死し、ある者は捕えられて殺害された。本来であるならば、崇徳も死罪を免れ得なかったが、天皇という身分が幸いした。何とか死だけは免れ、流罪となったのである。ちなみに子息の重仁親王は出家することにより、その罪を免れた。

†讃岐への配流

保元元年七月二十三日、崇徳は讃岐国へ流されることになり、上鳥羽（京都市南区）を出発し讃岐国に向かった。周りは大勢の武士に警固されていた。そして、松山の津（香川県坂出《さかいで》市）に到着したのは、八月十日のことであった。寵妃《ちょうき》の兵衛佐局《ひょうえのすけのつぼね》と僅かな女房だけが、崇徳との同行を許された。心細いものである。

天皇が流罪になるのは、先述した淳仁以来、約四百年ぶりのことであった。崇徳が讃岐国に着いてから、最初に過ごしたのは長命寺（以下、すべて香川県坂出市内）であった。いわば仮の御所であり、崇徳はここで三年間を過ごした。これがいわゆる雲井《くもい》御所《ごしょ》である。崇徳は雲井御所で三年間を過ごすと、次に鼓ヶ岡《つつみがおか》の木の丸殿に移住した。

木の丸殿はその名のとおり、樹皮の付いた丸太を柱として用いており、粗末な造りであったといわれている。木の丸殿は厳重な警固がされており、門は二カ所しか作られていなかった。二重の築垣《つきがき》は、泥で作られていた。いちおうは罪人であるがゆえに、面会は厳しく制限され、人の出入りも食事の提供以外はほぼ認められなかった。

やがて、崇徳は国府の役人・綾高遠と親密になり、その娘と結婚したという。その間に一男一女をもうけたというが、詳細は不明である。

軟禁状態にあった崇徳は、毎日どのように過ごしていたのであろうか。仏教に深く帰依していた崇徳院は、五部大乗経《だいじょうきょう》（法華《ほけ》経・華厳《けごん》経・涅槃《ねはん》経・大集《だいじつ》経・大品般若《だいぼんはんにゃ》経）の写経に専念していた。それは単に乱を引き起こした反省の意を込めるにとどまらず、極楽往生を願い、戦死者の供養を行うためでもあった。

崇徳は写経が完成すると、京都の安楽寿院（京都市伏見区）に奉納してほしいと願い出た。

ところが、受け取った後白河は呪詛《じゅそ》の念が込められていると疑い、写経の奉納を断り、崇徳に送り返したのである。当時は未だに迷信が信じられており、後白河がそのように解釈したのは、無理からぬところがあったといえるかもしれない。

この対応に崇徳は激怒した。舌を嚙み切った崇徳は、その鮮血を墨の代わりにして、「日本国の大魔王となり、天下を悩乱《のうらん》に陥れる」と血書したのである。それだけでなく、崇徳は髪や爪を切ることなく伸ばし続け、山伏が用いる柿色の衣を身に付け、その姿はまるで夜叉《やしゃ》のようであったと伝わる。

それから、崇徳は毎日のように後白河らを呪い、生きながらにして天狗になったといわれている。それほど怒りは激しいものであった。ただ、実際に天狗になったとは考えられず、崇徳の激しい怒りを誇張した逸話に過ぎないだろう。

こうして崇徳の怒りが静まることはなかったが、長寛二年（一一六四）八月二十六日に崩御した。享年四十六。坂出市には、崇徳にまつわる史跡が数多く残っている。

†崇徳、怨霊となる

亡くなった崇徳は、京都からの使者が検視に来るまで、今の天皇寺高照院に安置された。その後、白峯山稚児ヶ嶽《しらみねさんちごがだけ》の頂上で荼毘《だび》に付された。その怨念は凄まじかったようで、荼毘の煙は京都の方向にたなびいていたといわれている。白峯山には御陵が築かれ、白峯御陵と称せられた。側には崇徳の菩提《ぼだい》を弔《とむら》うため、白峯寺が建立された。

崇徳の死に対して、後白河は冷淡であった。その死を天皇として扱うことなく無視し、国司による葬礼のみで済ませたのである。通常、天皇の葬儀は、莫大な費用をかけて執り行われるが、それを省略化したのである。これがいけなかったのか、後白河の周囲では次々と不吉なことが起こったのである。

安元二年（一一七六）、建春門院《けんしゅんもんいん》・高松院・六条院・九条院が相次いで亡くなった。治承《じしょう》元年（一一七七）になると、さらに世上を不安に陥れる事件が続発した。崇徳が亡くなって、十三年後のことである。

同年の鹿ヶ谷《ししがたに》の陰謀事件では、藤原成親《なりちか》、西光《さいこう》、俊寛《しゅんかん》らが平氏政権転覆の嫌疑により捕縛された（後述）。また、延暦寺の強訴が勃発し、朝廷はその対応に四苦八苦した。さらに安元の大火によって、都の三分の一程度が焼失したという。世上は、次々と起こる凶事により不安に陥れられた。

ここに至って、崇徳の怨霊がクローズアップされる。つまり、一連の不吉な出来事は、崇徳と頼長の怨霊によるものではないかと考えられたのである（『愚味記《ぐまいき》』安元三年五月九日条）。寿《じゅ》永《えい》三年（一一八四）になると、かつて崇徳に近侍した藤原教長《のりなが》は、崇徳や頼長を神霊として祀《まつ》るべきと進言した(『吉記《きつき》』)。つまり、崇徳の怨霊を鎮《しず》めれば、凶事は収まると考えたのである。

同年、これまで「讃岐院」と称されていた崇徳に対して、正式に「崇徳院」の院号を贈った(『百練抄《ひやくれんしよう》』)。そして、保元の乱の古戦場の春日原(京都市東山区)には、崇徳院廟が建立され、その菩提を弔ったのである。これが、のちの粟田宮《あわたのみや》である。以後も文学作品などで、崇徳の怨霊は繰り返し取り上げられることになった。

本当に崇徳の怨霊が祟ったのかと言われれば、科学的な根拠は見出しにくいところである。当時は、現代以上に神仏を信じ、迷信を信じる傾向があったので、そうした時代背景も作用していただろう。不吉なことは、すべて崇徳の怨霊に結び付けて解釈されたのだ。

ただ、崇徳が永久追放である流罪に処されたものの、「いつかは京都に帰りたい」という気持ちがあったのは事実に違いない。それが果たせなかったゆえに、崇徳が祟って京都を恐怖のどん底に陥れたというストーリーが成立した。それは、ほかの名も無き流人の「京都に帰りたい」という気持ちを代弁していたのかもしれない。

†流人から征夷大将軍へ——源頼朝

通常、流人になった者は、完全に復帰への将来の望みを絶たれた。ところが、見事に復活を遂げた人物もいる。その人物こそが、史上初の武家政権である鎌倉幕府を開き、征夷大将軍になった源頼朝である。頼朝の流人時代は、まさしく波乱に富んだものであった。

久安《きゅうあん》三年（一一四七）源頼朝は義朝《よしとも》の三男として誕生した。母は、熱田大宮司を務めた藤原季範《すえのり》の娘である。

父・義朝は季範を通じて鳥羽法皇に接近し、急速に台頭した。保元元年（一一五六）の保元の乱では平清盛らとともに後白河方に与し、勝利を得るきっかけを作った。しかし、その後の義朝と平清盛の処遇には差があったため、義朝は少なからず不満を抱いた。平治元年（一一五九）十二月に勃発した平治の乱では藤原信頼《のぶより》と結託し、平清盛、藤原通憲《みちのり》を打倒しようと目論むが失敗。逃亡した義朝は、尾張《おわり》国で殺害される。

義朝の子息のうち、長男・義平《よしひら》、次男・朝長《ともなが》は翌年に処刑されるなどしたが、希義《まれよし》、範頼《のりより》、義経らは何とか生き残った。問題は、頼朝である。

頼朝の足取りをたどっておこう。平治の乱で敗北を喫した義朝は、子息らを連れて東国に落ち延びた。途中、義朝は尾張国に立ち寄ったところで、長田忠致《おさだただむね》に殺された。ところが、頼朝は逃亡中に父とはぐれてしまい、迷っているところを平頼盛《よりもり》の家人・平宗清《むねきよ》に捕縛されてしまう。万事休すである。

すでに兄・義平が処刑されていたので、同じ措置が取られるならば、頼朝の運命は風前の灯火であった。実際、頼朝の処刑の日は、永暦《えいりゃく》元年（一一六〇）二月九日に決まっていたといわれている。

しかし、ここで奇跡が起こった。頼盛の母・池禅尼《いけのぜんに》（清盛にとって継母）が頼朝の助命嘆願を行ったのである。池禅尼が助命嘆願をした理由は、頼朝に早逝《そうせい》した子息・家盛《いえもり》の面影を見たからであった。池禅尼は頼朝が死ぬようなことがあれば、食事が喉を通らなくなると述べ、決死の覚悟で清盛に助命の嘆願をしたのである。

非常に涙ぐましいエピソードであるが、実際のところは頼朝の母方の熱田大宮司家や頼朝が仕えていた上西門院《じょうさいもんいん》からの助命嘆願があったと考えられている。おそらく清盛は情に流されたのではなく、政治的な意味で配慮を行ったのだろう。つまり、池禅尼の助命嘆願は、単なるエピソードに過ぎない可能性が高い。

通説によると、池禅尼の申し出にはさすがの清盛も折れざるを得ず、ついに頼朝の死一等を減じて、伊豆国に流罪にすると減刑を決めたのである（『平治物語』）。永暦元年三月二十日のことである。この決断がのちに平氏政権を滅亡に追い込むとは、決断した清盛をはじめ誰も考えなかったであろう。

†流人時代の頼朝

頼朝が流されたのは、蛭ヶ小島《ひるがこじま》という場所であった。今の静岡県伊豆の国市に所在し、ちょうど伊豆半島の根っこの部分に当たる。ちなみに、その名が示すような島ではない。狩野川《かのがわ》の中州の一つであって、単なる湿地帯に過ぎなかった。現在、同地には「源頼朝公配流の地」という石碑も立っている。

ただ、頼朝が蛭ヶ小島に流されたというのは後世の史料に書かれたものであり、当時の史料には単に「伊豆国に配流」とあるのみである。

ともあれ、頼朝は少年時代の十四歳から、壮年期に至る三十四歳までの二十年間を伊豆国で過ごすことになった。普通の人にとっては、もっとも脂の乗り切った年齢で、当時は今より寿命が短かったので、貴重な時間だったはずだ。ただ、流人時代の頼朝に関する史料は、さほど多くはないといえる。残った史料から、その生活ぶりを取り上げてみよう。

頼朝は本来は死罪が科せられる重罪人であったため、監視される対象であった。伊豆の豪族である北条時政《ほうじようときまさ》、伊東祐親《いとうすけちか》がその任に当たった。監視されたとはいえ、行動の制約はあまりなかったようで、房総半島や三浦半島まで行った形跡がある。すでに触れたとおり、流罪は獄舎に繋がれておらず比較的自由だった。

頼朝の生活を支えたのは、武蔵《むさし》国に本拠を持つ比企《ひき》氏であった。かつて比企尼《ひきのあま》は頼朝の乳母《うば》を務めていたので、その関係から支援をしていたのであろう。比企尼の娘は安達盛長《あだちもりなが》と再婚し、やがて頼朝の側に仕えることになる。比企尼自身も頼朝に米を送るなどし、支援を欠かさなかったという。

頼朝に仕えた人物としては、佐々木秀義《ひでよし》とその子息・定綱《さだつな》、経高《つねたか》、盛綱《もりつな》の三兄弟がいる。秀義らは義朝とともに戦ったが、敗北を喫して東国へと落ち延び、自領の相模《さがみ》国渋谷荘に逃れていた。そして、のちに頼朝に仕えたのである。つまり、頼朝はまったくの孤独ではなく、さまざまな支援を受け生活を成り立たせていたといえよう。

これ以外にも、伊豆の流人時代の頼朝を支えた人物は存在し、少なくとも孤立した存在でなかったのはたしかである。

頼朝は父の義朝や亡くなった兄弟の菩提を弔うべく、読経三昧の日々であったといわれている。また、伊豆の箱根権現（神奈川県箱根町）や走湯《はしりゆ》権現（静岡県熱海市）に篤《あつ》い信仰心を持っており、参拝を欠かさなかったといわれている。いかにも平氏に対して、挙兵はしないという意思表示であるが、本心はそうでもなかったらしい。

実際は頼朝の乳母の甥で、下級公家の三善康信《みよしやすのぶ》から京都の情勢を入手していたようである。ちなみに康信は、鎌倉幕府の開幕後、初代の問注所執事《もんちゅうじょしつじ》に就任する。頼朝の心中は、生涯を伊豆で終えようとはしていなかったと推測される。

頼朝が北条時政らの監視下にあったことは事実としても、その生活ぶりは文学作品に書かれているものもあり、すべてを信用するわけにはいかない。ただ、素直に頼朝が生涯を通じて、逼塞《ひっそく》生活を送る気持ちがあったのかと言えば疑問が残る。地元豪族との交流などは将来の布石とすら思え、挙兵の可能性を示しているのではないだろうか。

†命懸けだった頼朝の恋愛

少年期から壮年期を伊豆で過ごした頼朝にとって、結婚は重要な問題だったに違いない。流人とはいえ、後継ぎが欲しかったと考えられる。源氏という、名門の血を絶やすことは本意ではなかった。伊豆時代の頼朝は、二回の恋愛を経験しているようだ。

一度目の恋愛は、伊東祐親の三女・八重《やえ》である。頼朝はもう二十代になっていた。伊東氏は伊豆国伊東(静岡県伊東市)に本拠を持つ豪族で、先述のとおり頼朝の監視役を担当していた。祐親が京都大番役(皇居や院の警備)のため上洛すると、その隙を狙って二人は関係を結び、千鶴《せんづる》という男子までもうけていたという。

二人の関係を知った祐親は激怒した。いうまでもないが、頼朝は伊豆に流された罪人であり、平氏の宿敵でもあった。二人の関係が平氏に伝わることを恐れた祐親は、松川の上流の蜘が淵に千鶴を沈めて殺害した。のちの憂いを断つためである。そして、祐親は二人を引き離し、八重を別の伊東の豪族・江間小四郎《えまこしろう》のもとに嫁がせたという。ちなみに、この江間小四郎とは、のちの北条義時《よしとき》とは別人である。

祐親は二人を引き離しただけでなく、安元《あんげん》元年（一一七五）に頼朝の殺害を企てた。祐親にすれば、この期に及べば頼朝を討ち取ることが大きな手柄になると考えたのであろう。頼朝の危機を救ったのが、祐親の次男・祐清《すけきよ》であった。祐清の妻は比企尼の三女であり、そのことが関係していたと推測される。

祐清は頼朝に父が殺害の準備をしていると知らせると、頼朝は夜遅く馬を飛ばして走湯権現へ逃れ、北条時政に助けを求めたのである。こうして頼朝は、時政の館に匿われ危機を脱した。頼朝は流人であったがゆえ、恋愛は命がけだった。

†北条政子との情熱的な恋愛

二度目の恋愛は、頼朝を窮地から救った、時政の長女・政子《まさこ》だった。

政子が誕生したのは、保元二年（一一五七）。頼朝より十歳年下である。二人が結ばれたのも、やはり時政が大番役として上洛しているときで、祐親の娘のときと同じタイミングである。白昼、堂々と会うことは、決してできなかった事情がうかがえる。

二人が結婚したのは、治承元年（一一七七）であるといわれている。二人の関係をめぐっては、いくつかのユニークな逸話が残っている。

『源平盛衰記』によると、頼朝と政子の関係を知った時政は、このことが平氏に露見することを恐れた。婚姻というのは家が関わる問題であり、あえて時政が平氏に刃向かった頼朝を娘と結婚させることは、躊躇せざるを得なかったと考えられる。頼朝に対する考え方は、伊東祐親と同じである。

そこで、時政は伊豆国の目代《もくだい》（代官）を務めていた山木《やまき》兼隆《かねたか》に政子を嫁がせようとした。平氏の庶流《しよりゆう》である兼隆はかつて流人であったが、平氏政権の成立とともに伊豆国の目代になっていた。平氏との関係強化につながるので、政子の結婚相手としては好都合であった。

その後、政子は兼隆の屋敷で婚儀を結ばされそうになるが、こっそりと屋敷を抜け出し逃亡した。そして、雨のなかを伊豆権現へ向かい、頼朝と結ばれたという。雨のなかを頼朝のもとに向かったという話は、のちに『吾妻鏡《あずまかがみ》』にも記されている。二人の情熱的な恋愛のエピソードとして有名な話である。

ただ、以上の説には疑義が示されている。実は、兼隆が伊豆に流されたのは治承三年のことであり、年代的に矛盾するというのである。

『曽我物語《そがものがたり》』には、二人を結び付ける奇妙な逸話が記されている。ある日、政子の妹が奇妙な夢を見た。それは、日月（太陽と月）を掌でつかむというものである。ちなみに政子の妹は、のちに頼朝の弟・阿野全成《あのぜんじよう》の妻となり、阿波局《あわのつぼね》と呼ばれた女性である。

夢は不吉と感じた政子は、妹にその夢を買い取ると持ち掛け、代金の代わりとして小袖を与えたという。当時はまだ迷信が信じられており、不吉な夢を売ると、災い転じて吉になると信じられていた。結局、妹の夢を買った政子には幸運が訪れ、のちに鎌倉幕府を開いた頼朝と結婚したということになろう。

いずれも信じがたい話であるが、まもなく二人の間には女子（大姫《おおひめ》）が誕生し、時政も認めざるを得なくなった。

†貴種としての頼朝

先述のとおり、流人時代の頼朝の生活については、文学作品や後世に成った史料でしかうかがうことができない。しかしながら、そこにはいくつかの重要なポイントがある。

一つ目はいうまでもないが、流罪は獄舎などに収監するのではなく、ある程度の自由が保証されていたことである。三浦半島や房総半島まで出掛けたというのであるから、かなり広い行動範囲が認められていた。その間、有力豪族と接触した可能性は十分にあり、のちの打倒平氏の布石になったと考えられる。

二つ目は、頼朝が周辺の有力諸豪族とかかわりを持ち、また支援する者も存在したことである。東国の諸豪族は、平氏の睨みに恐れおののいていたように思えるが、意外にも頼朝との接点を持っていたようである。そうでなければ、比企尼が頼朝に食糧を送るなど、とても行うことはできなかったであろう。

三つ目は二つ目と関連するが、頼朝が有力な諸豪族の娘と婚姻を結ぶ下地があったということである。真に平氏を恐れるならば、頼朝と政子との結婚は成り立たない話である。いささかラブ・ロマンスが強調されがちだが、諸豪族は頼朝の貴種性を尊重していた。同時に、当該期における平氏への不満があり、頼朝に期待するところがあったのだろう。やがて平氏政権は動揺するが、それは頼朝の再登場と機を一にするものであった。

こうして治承四年(一一八〇)四月、頼朝は打倒平氏の以仁王《もちひとおう》の令旨を受け取り、同年八月に伊豆で挙兵するのである。そして、頼朝の流人時代は終わりを告げる。その後、頼朝は平氏を打倒する念願を果たし、鎌倉幕府を成立するのである。

†鹿ヶ谷の陰謀と俊寛

次に取り上げるのは、俊寛なる僧侶である。ことの顛末はこれから述べるが、一人で喜界ヶ島(鹿児島県)に取り残された俊寛の最期には涙するものがある。なぜ、俊寛は一人だけ南海の孤島に取り残されてしまったのであろうか。

康治二年(一一四三)、俊寛は仁和寺《にんなじ》法印を務めた寛雅《かんが》の子として誕生した。祖父は、大納言の源雅俊《まさとし》である。やがて俊寛は六勝寺《ろくしょうじ》の一つである法勝寺《ほっしょうじ》の執行《しぎょう》を務め、さらに後白河法皇の側近に取り立てられた。僧侶としては順調な道のりを歩んでおり、何ら不満を抱く要素はないように思える。

当時、平氏は我が世の春を謳歌していたが、その権勢を少なからず妬《ねた》む者も少なくなかった。平時忠が述べた言葉「(平氏の)一門にあらざらん者はみな人非人《にんぴひん》なるべし」という言葉のとおり(『平家物語』)、平氏以外の武士団はぱっとするところがなく、公家衆も平氏に官職を奪われる始末であった。

仁安二年(一一六七)に清盛が太政大臣に任じられると、主要な官職は平氏一門が独占した。同時に、彼らの傍若無人ぶりが目立つようになった。平氏の横暴ともいえる状況だったので、不満を持つ者がいても無理からぬところである。

治承元年(一一七七)一月、平重盛《しげもり》が左近衛大将に、弟の宗盛《むねもり》が右近衛大将に任じられた。そして、同年三月に重盛は内大臣に昇進する。こうして平氏一門はさらに台頭し、公家たちは不満を持つようになる。

一連の人事について、公家たちは苦々しく感じたことであろう。なかでも藤原成親は大将を望んでいたが叶わなかったので、くやしい思いは一入《ひとしお》であったに違いない。成親は、鳥羽上皇の寵臣《ちょうしん》として知られる家成《いえなり》の子である。

成親は父・家成が鳥羽法皇に仕えていたことから、比較的昇進が早かった。鳥羽の没後、後白河に代わっても、院近臣《いんのきんしん》として権勢を振るっていた。それでも、重盛の昇進は許せなかったのであろう。武士で言えば、多田行綱《ただゆきつな》も不満を抱いていたようだ。摂津《せっつ》源氏の流れを汲む行綱にとって、平氏の台頭は忸怩《じくじ》たるところがあったに違いない。こうした不満分子は、ほかにも大勢いたのだ。やがて、成親は打倒平氏を目論んで、不満分子を結集する。

安元三年（一一七七）五月、藤原成親、西光が中心となり、俊寛、平康頼《やすより》、藤原成経《なりつね》（成親の子息）、西光ら後白河の院近臣が打倒平氏の謀議を行った。場所は俊寛の京都・鹿ヶ谷《ししがたに》（京都市左京区）の山荘であった。むろん公家や僧侶は武力を持たない。そこで、先に触れた多田行綱や北面の武士をあてにしていたのである。

†鹿ヶ谷の陰謀の失敗

ところが、順調に見えた彼らの作戦は、もろくも失敗に終わった。同年六月一日、行綱は彼らを裏切り、西八条邸の清盛のもとへ行き、ことの次第を密告したのである。熟慮した行綱はいったん謀反を決意したものの、やはり武力で平氏にはかなわないと考えたのだろう。激怒した清盛は、謀議に参加した面々を一人残らず捕縛した。

捕らえられた者は、おとなしく従うしかなかった。しかし、西光は清盛に顔を踏みつけられつつも、平氏を罵倒し助命を懇願しなかった。逆上した清盛は西光を激しく拷問し、最後は斬首して晒し首にしたという。西光はよほど清盛のことが嫌いだったのだろう。

同月四日までには全員が捕まり、それぞれが流罪に処せられた。次のとおりである。

①蓮浄《れんじょう》――佐渡国
②中原基兼《もとかね》――伯耆《ほうき》国
③藤原章綱《あきつな》――播磨《はりま》国
④惟宗信房《これむねのぶふさ》――阿波《あわ》国
⑤平資行《すけゆき》――美作《みまさか》国
⑥藤原成親――備前《びぜん》国

以上であるが、備前国に流された首謀者の藤原成親は、到着した翌月に亡くなったとの説もあるが、京都から備前に向かう途中で殺害されたとの説もある。平治の乱のときは、成親の妹が重盛の妻であったため、平氏に逆らったにもかかわらず助かった。しかし、さすがに二回目の救済措置はなかった。

蓮浄の佐渡国はかなりの遠方であるが、ほかは比較的近い場所に配流となった。この決定について、何らかの配慮があったのかは不明である。

ところが、俊寛、藤原成経、平康頼は、とんでもない場所に流罪となった。それは喜界ヶ島である。ただ、喜界ヶ島には二説ある。鹿児島県大島郡喜界町の喜界島、鹿児島県鹿児島郡三島村の硫黄島《いおう》がそれである。ほかにも、俊寛にまつわる伝承が残る地域がある。ちなみに硫黄島のほうが、喜界ヶ島より鹿児島県に近い。次に、三人のその後を確認しよう。

†喜界ヶ島での生活

同年、配流が決定した三人は、薩摩《さつま》国川辺郡鹿籠《かご》（鹿児島県枕崎市）で約一週間ほど船を待った。船の航行に適した風を待っていたのだ。当時は現在と比べ船も貧弱で、航海技術も十分ではなかったから、暴風や海の荒れ方によっては命すら危うかった。

その途中、康頼は周防《すおう》国室積《むろづみ》（山口県光市）で出家し、性照《せいしょう》と号した。そもそも官職は剥奪されているので、まったくの無位無官であった。出家は平氏に対して、反省の意をアピールするためであったのか。

三人はようやく喜界ヶ島に到着したが、そこは都と比べようもない、想像を絶する未開の地であった。その概要を示すと、次のようになろう（『平家物語』）。

島の人々は満足に衣裳を着ることもなく、話す言葉もよく分からなかったという。南国であるがゆえ、服を着ることも稀だったのだろうか。言葉がわからないというのは、方言（薩摩弁か）を指しているのだろう。

しかも、島の人々は色黒で牛のように毛が濃く、男は烏帽子も着用せず、女は髪をお下げにすることもなかった。都の人々は色白で身なりもしっかりとしていたので、三人にとっては彼らの姿が野蛮であり驚愕すべきことだった。

それよりも重要なことがあった。まず、主食となる米がなかったことである。そのため魚や鳥を捕えて、食する以外に術《すべ》はなかった。こうした食糧事情も都で優雅な生活を送っていた三人にとっては、耐え難いことの一つであったに違いない。

ただし、成経の舅《しゅうと》が平教盛《のりもり》であったため、教盛の保持する肥前《ひぜん》国鹿瀬《かのせ》荘（佐賀市嘉瀬）から必要な衣食が届けられたようである。これにより何とか日常生活を維持したものの、不便なことには変わりなかったであろう。ちなみに教盛は成経が捕縛された際、清盛に必死になって助命嘆願を願い出たほどである。

ほかに三人を不安に陥れたのは、終日続く硫黄岳の噴煙であった。その独特の臭気は我慢ならないもので、海は硫黄で黄色に染まっていたという。都の美しい風景に慣れていた三人にとっては、異様なものに見えたに違いない。

こうして三人は、慣れない生活に不安を抱いていたが、やがて処遇をめぐって明暗を分けることになる。

†赦免運動の行方

流罪とは、本貫地（この場合は京都）に帰ることができない永久追放刑であった。しかし、成経と康頼の二人は、決して諦めることがなかった。何とか再び京都の地を踏むべく、さまざまな努力をするのである。

成経と康頼は熊野三所権現を祀り、厚い信仰心を示していた。二人はそれだけでなく、千本の卒塔婆《そとば》（死者の供養のため墓石の後ろに立てる細長い板）に歌を書き記し、海に流したというのである。それは望郷の思いを込めた歌であった。同時に赦免を願う歌でもあり、のちに思わぬ効果を発揮することになる。

一方の俊寛は、そのような二人を冷ややかな目で見ていた。そもそも俊寛は法勝寺の執行を務めた高僧であり、熊野信仰とは無縁だったのだろう。俊寛の高僧としてのプライドは、流人になっても失われなかったようである。

俊寛は硫黄島の長浜川の上流に粗末な庵を結び（俊寛堂）、二人とは距離を置いて独居生活を営んだ。成経と康頼の二人は、俊寛を「心たけく、おごれる人」と評価した。「心が強く、思いあがった態度の持ち主」という意味になろう。赦免を願う二人にとって、俊寛の行動は理解できなかったかもしれない。

そもそも成経については、先述のとおり教盛が熱心に赦免活動をしていた。実は、成経は次に示すとおり、ほかにも平氏一門と強い姻戚関係を結んでいた。

①成経の妻――清盛の姪
②成経の叔母――重盛（清盛の嫡男）の妻
③成経の妹――維盛（重盛の嫡男）の妻

康頼はどうなのか。康頼は後白河の院近臣であったが、かつては清盛の甥・保盛《やすもり》に仕えていた。保盛が康頼の赦免活動を行ったか否かは不明であるが、こうした条件は二人に有利に働いたようだ。

二人の流した千本の卒塔婆のうち一本は、運よく安芸国厳島（広島県廿日市市）に流れ着いた。偶然、これを目にした清盛は、強く心を打たれて二人を許すことを決意した。

清盛は娘である中宮徳子《ちゆうぐうとくこ》（夫は高倉天皇）の安産を祈願し、恩赦を行うことにより二人の帰還を許したのである。治承二年（一一七八）のことである。残念ながら、恩赦のリストのなかに俊寛は入っていなかった。俊寛は謀議の中心人物であると認識され、清盛は許さなかったのだ。あるいは、一切俊寛が赦免活動をしないという、その鼻っ柱の強さが気に食わなかったのかもしれない。

恩赦が決まると、船が喜界ヶ島に到着した。許されたのは、成経と康頼の二人だけである。

恩赦のなかに自分の名前がないことに気付いた俊寛は、成経にせめて九州まで連れて行ってほしいと懇願するが、もはやどうしようもなかった。安易に途中まででも乗船させると、成経らはあとで処罰される可能性がある。

船が出発すると、俊寛は腰まで海につかりながら、同乗させて欲しいとしつこく諦めなかった。それまでの傲岸不遜《ごうがんふそん》な態度とは、まったく一変していた。俊寛の懇願する姿は、人々の憐れみを誘ったと伝わる。しかし、無断で乗船が許可されるわけもなく、俊寛は一人だけ取り残されたのである。

†孤独な俊寛のその後

俊寛は出航する船を見て、いつまでも立ち尽くしていた。来る日も来る日も、恩赦の船がやって来るのではないかと思ったことであろう。しかし、結論から言えば、恩赦の船はついにやって来ることがなかった。

俊寛は川原で石を拾ってきては、毎日のように法華経の経文を石に書写したといわれている。これも、来るべき恩赦を願ったものであろうか。その数は、十二万個という膨大な数に達したといわれている。

成経がいなくなったので、毎日の食糧にもこと欠いた。俊寛は地元の漁師から魚をもらい、海岸で海藻を拾って何とか食いつないだ。ますます庵《いおり》は粗末さを極め、もはや「あばら家」そのものであったという。

ところが、俊寛にも一筋の光明が差した。かつて俊寛のもとで下働きをしていた有王《ありおう》が、探していたのである。有王は恩赦により喜界ヶ島に流された面々が帰還すると聞いて、わざわざ鳥羽（京都市南区）まで俊寛を探しに行ったが、その姿を確認できなかった。周りの人に聞いても、一向に有益な情報が得られない。そこで、有王は喜界ヶ島へ行こうと決意したのであった。

有王はその前に、奈良に隠れていた俊寛の妻子と面会しようとした。何らかのメッセージを俊寛に伝えようとしたのであろう。ただ、すでに妻子は亡くなっており、このことが俊寛を絶望の淵に落とすことになる。

治承三年、有王は摂津《せっつ》国を出発し、ようやく筑紫《つくし》国（福岡県）までたどり着いた。そこから薩摩国へ向かう商人の船に同乗し、何とか喜界ヶ島に到着した。今のように定期航路がないので、船の確保にも困難をきたしたのである。ところが、未開の地に等しい島で、有王が俊寛を探し出すのは非常に困難であった。

有王は道行く人に俊寛の所在をたしかめるが、知らないと答えるばかりであったという。俊寛はもともと成経・康頼ともあまり交流がなかったが、二人の帰京後は村人との関係も断ち、孤高の人になっていたのかもしれない。やむなく有王は山のなかまで分け入り姿を探したが、ついに見つけることができなかった。

ある日の朝、有王は一人の乞食を見つける。髪は伸び放題で、衣服はボロボロに擦り切れており、体はすっかりやせ衰えていた。実は、その乞食こそが俊寛であり、幽霊のように海岸で海藻を拾っていたのだ。三年ぶりに再会した二人は、まるで夢のようだと大いに喜んだという。早速、俊寛は自分の庵に有王を招き入れた。

先述のとおり、俊寛の庵は大変粗末なシロモノで、かつて法勝寺の執行を務めた人物が住むようなものではなかった。この事実は、有王の心を大いに痛めたに違いない。

†絶望した俊寛

俊寛が有王にしきりに質問したのは、すでに音信不通になっていた家族のことであった。ついに、有王は重い口を開くことになる。

俊寛には二人の娘がいたが、末娘は疱瘡《ほうそう》（天然痘）により病没した。それを嘆き悲しんだ妻も、あっけなくあとを追うように亡くなっていたのだ。妻と娘が亡くなったことを知った俊寛は悲嘆に暮れ、家族に会えないのならば、これ以上生きていてもどうしようもないと考えた。

俊寛は断食を敢行し、二十三日目に餓死した。俊寛が亡くなると、有王は泣き崩れたが、やがて俊寛の遺骸《いがい》を荼毘に付した。有王が本土に戻る際は、首に俊寛の骨を掛け、都への船に乗った。そして、高野山（和歌山県高野町）の奥の院に俊寛の遺骨を納めたという。

その後、有王は出家して蓮華谷《れんげだに》の法師となった。蓮華谷とは、高野聖《こうやひじり》のことであろう。高野聖で知られているのは、蓮華谷聖、萱堂《かやどう》聖、千手院《せんじゅいん》谷聖であった。蓮華谷聖は明遍僧都《みょうへんそうず》（少納言信西《しんぜい》の子）を偶像としており、遁世《とんせい》と道心をもってその名が知られていた。

やがて有王は、諸国をめぐって修行したという。実は、俊寛にもう一人娘がいたが、十二歳になると出家して、奈良の法華寺の尼僧となった。以後、二人は俊寛の菩提を弔ったのであるが、その後、二人がどうなったのかはわかっていない。

以上のように、流罪になった俊寛は京都に戻り家族に会うという本懐を果たすことなく、無念のうちに餓死する。そこに実の娘や慕われていた有王の姿が重なり、悲しみをいっそう際立たせることになったといえよう。

†絶望する流人たち

幸か不幸か、俊寛は歴史の表舞台に躍り出たので、流罪の顚末がよく知られることになった。そうした著名な例に限らず、史料上にあらわれる流人の数は実に多い。いずれも流罪になり、どの国に流されたかはわかるものの、流罪になった経緯やその後どうなったのかわからない者も少なくない。

流人が配所に向かうとき、警護の者が付いたが、路次で群盗《ぐんとう》に襲撃されることもあった。群盗は彼らから所持品を強奪し、ときに殺害することもあった。不幸にも配所に向かう途中で、病気や不慮の事故で亡くなることも珍しくなかったようだ。

伊豆に流された頼朝には多くのスポンサーがつき、また鬼界ヶ島に流された成経も縁戚を頼り、食糧などの援助を受けていた。ところが、そうした恩恵に恵まれない者もおり、なかには配所で自害して果てる者も存在した。やはり本貫地へ戻れないという現実は、絶望以外の何物でもなかったのであろうと推測される。

彼らが許されるのは、成経の例で挙げたような、中宮徳子の安産祈願などの特別な理由がなければならなかったようだ。次に、同様の事例として、近江佐々木氏の流罪を取り上げておこう。

建久二年（一一九一）、近江国などの守護・佐々木定綱は本貫地の佐々木荘（滋賀県近江八幡市）において、延暦寺（滋賀県大津市）と千僧供養領《せんぞうくようりょう》をめぐって刃傷沙汰《にんじょうざた》（刃物で切りつける騒動）を起こしてしまった。このことが原因となり、延暦寺は強訴《ごうそ》（仏神の権威をかざし訴えること）を起こした。このとき定綱の次男・定重は神鏡を壊してしまったため、衆徒に討ち取られ晒し首にされた。これを建久二年の強訴という。

当時における人々の神仏に対する恐れの念は強く、特に比叡山延暦寺はたびたび強訴を起こすことで知られていた。延暦寺と争い流罪になった者も多い。結果、刃傷沙汰を起こした佐々木一族には、次のような処分が科された。

①定綱――薩摩国へ配流
②広綱（定綱の長男）――隠岐国へ配流
③定高（定綱の三男）――土佐国へ配流

こうして一族はそれぞれの配所に流されたが、翌建久三年三月十三日、後白河法皇が亡くなった。このことが佐々木一族に幸いした。翌建久四年三月十二日、後白河法皇の一周忌を迎えたこともあり、佐々木一族は罪を許されたのである（『吾妻鏡』）。頼朝は長らく佐々木一族と苦楽をともにしていたので、喜びは一入であったといわれている。

後白河法皇の一周忌というのは一つの契機であって、実際には頼朝からの運動があったように思われる。延暦寺などの寺社をめぐって流罪になる武士は数多くいたが、いったんは流罪になるものの、ほとぼりが冷めると戻ってくることが多くなる。つまり、流罪になることが一種の儀式になり、双方はそれを落としどころとしていたようである。永久追放たる流罪の性格が薄まったといえよう。

†政治犯と流罪

以上、多くの事例を掲出してきたが、その大半が政治犯であったことが判明する。戦乱のさなかに討ち死にするようなケースを除いて、重罪であっても死罪は回避されることが決まりとなった。代わりに、死罪に次ぐ流罪に処せられたのである。

流罪に処せられる経緯、あるいは処せられて以降、赦免運動が展開されたことも興味深いところである。本来、流罪は永久追放刑で、本貫地に戻ることは叶うことがなかった。しかし、流人が親類など血縁関係を頼り、許しを乞うことがあったのである。

頼朝の場合で言えば、池禅尼の嘆願があったとされるが、情に訴えたとは考え難い。やはり、頼朝をめぐる人脈から赦免運動がなされたようである。それは、成経や康頼が赦免された例も同様であろう。逆に、俊寛はそうした人脈を持たなかったので、許されることがなかったと考えるのが自然なようだ。

ただし、流罪にまつわるケースでは、関係する史料が乏しいのが実情である。多くの場合は、一次史料では単に流刑地が示されるだけのことが多く、逆に詳しい経緯などは二次史料に書かれていることが多数を占める。したがって、流人が配所先でどのような生活を送っていたのかは、通常は詳しい記録が残っていない。

軍記物語などでは、その経緯や配所での生活をかなり劇的に描くことが多いようである。崇徳の晩年の生活、一人取り残された俊寛の生活などは、好例と言えるであろう。それは、流罪になった者の怨念や苦しみを強調したかのようである。やがて、それは文学作品や劇などで演じられ、広く人々に知られるようになった。

延暦寺と佐々木氏の例では、恩赦され戻ってきた事実を紹介した。朝廷や幕府は、いったんは延暦寺の意向に沿って当該武士を流罪に処するが、貴人の死などを契機として恩赦を要求した。流罪が必ずしも永久追放でなかったことを示す例である。

むろん流罪が適用されるのは政治犯だけではないが、やがて武士が活躍する鎌倉時代になると、朝廷との対立から天皇にも躊躇なく流罪が適用される。また、新仏教の誕生により、教祖は迫害され流罪となる例が増えるのである。次章では、そうした側面にスポットを当てて考えてみることにしよう。

第二章

鎌倉時代——影響力ある者は流罪が最適

†『御成敗式目』の流罪の規定

鎌倉時代になると法整備が進められ、貞永《じょうえい》元年(一二三二)に北条泰時《やすとき》により『御成敗式目《ごせいばいしきもく》(貞永式目)』が制定された。『御成敗式目』は日本で最初の武家法であり、当初の五十一カ条に加え、必要に応じて追加法も制定された。むろん、『御成敗式目』およびその追加法には、流罪に関する規定がなされている。以下、それらの内容を確認しよう。

『御成敗式目』第十条には、殺害・刃傷《にんじょう》に関わる次の規定がある。

《偶発的な争い、酒宴の酔った勢い、そのほか不慮のことで殺害をした場合は、死罪または流

罪とし所領を没収するが、父子の共同謀議が認められなければ、縁座を適用しない（罪を犯した者のみ処罰する）。》

これに続けて、刃傷に及んだ者についても、これに準じた扱いにするとある。殺害した人数などに応じて、死罪か流罪か決定したのであろう。ただ、共同謀議でなければ、罪を犯した者だけが処罰されたので、流罪が適用されても縁座にならなかったようである（ただし、父子のケースしか書かれていない）。

『御成敗式目』第十二条には、悪口《あっこう》に関わる次の規定がある。

《突発的な殺人事件は、悪口を原因にして起こる。重い場合は流罪とし、軽い場合は拘禁刑とする。問注（訴訟、裁判）のときに悪口を言った場合は、論所（当該訴訟の対象物件）を相手に付することとする。悪口を言った者が論所に正当な権利がなければ、ほかの所領を没収する。もし財産がなければ、流罪に処する。》

悪口の意味は今も昔も変わらないが、どのような言葉（言辞）が悪口に該当するのか、明確な規定がないと指摘されている。たしかに、それは感覚的な問題でもあるので、鎌倉幕府が悪口と認定した例は少ないようである。この条文を読む限り、悪口そのものが罪と認定された場合は、流罪または拘禁刑になったようである。拘禁刑は「召《め》し籠《こ》める」とあるが、獄舎に入れられるというよりも、御家人宅に預け置かれたのが実態だったようだ。

裁判のときの悪口も処罰の対象となった。裁判で悪口を言った場合、係争の対象となった物件は、悪口を言った相手のものになる。係争する物件に正当な権利がなければ、代わりに悪口を言った者の財産が没収された。没収する財産がなければ流罪である。

ちなみに『御成敗式目』第十三条は、人を打擲《ちようちやく》（殴りつけること）したときの処罰の規定がなされている。人を殴ることは、殴られた側に復讐心を与えるので重い罪と考えられていた。侍については財産を没収され、それがなければ流罪となった。凡下《ぼんげ》（民衆）の場合は拘禁刑である。やはり財産がなければ流罪であることに代わりはない。

このように見ると、殺人（あるいは刃傷）やその原因となる悪口に至ってまで、厳罰が適用され、そこに流罪が含まれていたことが判明する。

†偽文書作成なども流罪

犯罪を犯した結果、流罪が適用されるケースはほかにもあった。『御成敗式目』第十五条には、謀書《ぼうしよ》（文書の偽造）に関する規定がなされている。

裁判の証拠書類を提出するとき、判決を有利にするため、謀書を作成することがあった。検証の結果、提出書類が謀書であると判明した場合、侍は所領を没収された。もし財産がない場合は、遠流となったのである。ちなみに凡下は顔面に焼印を押され、謀書の執筆者は同じ罪に問われた。

裁判は公平に行われるべきであるが、偽造した文書を証拠書類として提出し、勝訴に持ち込もうとする者があった。そうしたことが許されるわけもなく、重犯として厳罰を科そうとしたのであろう。罰のなかには、流罪も含まれていた。

『御成敗式目』第三十四条によると、他人の妻との密懐《みつかい》（不貞行為）についての規定がなされている。この件は双方合意のうえでの和姦であったとしても、御家人の所領の半分が取り上げられ、幕府への出仕を停止された。財産がない場合は、遠流になったのである。

女性の所領も同様に半分が没収され、所領がない場合は流罪になると規定されている。つまり、出仕の停止という点を除けば、男女とも同罪であったといえる。当時、不貞行為は、重罪であったと認識されていたことの証であろう。

さらに『御成敗式目』第四十三条には、当知行《とうちぎょう》（現実に支配していること）と称して他人の所領を掠《かす》め取り、そこから得られる年貢等の収益を奪ったケースの規定がある。

この場合は、当然ながら押領物《おうりょうぶつ》（年貢等の収益）をただちに返還することが求められた。加えて、他人の所領を掠め取った者は、自身が保持する所領が没収された。もし財産がなければ、流罪に処せられたのはこれまでの例と同じである。

以上、掲出した二つの例は、ともに他人を欺《あざむ》く行為であり、頻発《ひんぱつ》していたのだろう。それを未然に防止するため、あえて流罪を含めた厳罰の適用を謳《うた》っていたと推測される。流罪は、財産没収に代わる重い罪であった。

†『御成敗式目』追加法の流罪

『御成敗式目』は最初に発布されただけで終わったのではなく、必要に応じて追加法が制定された。『御成敗式目』の追加法には、年次不詳ながらも流刑について次の史料がある。

一　遠流人国々事
伊豆　安房　佐渡　隠岐　土佐　以上遠流
信濃　伊予　以上中流
越前　安芸　以上近流
　延喜式文
此外近代遣国々
上総《かずさ》　下総　陸奥《むつ》　越後《えちご》　出雲《いずも》　周防　阿波

遠流、中流、近流の区分については、すでに触れた『延喜式』に記されているものをおおむね踏襲している（遠流の常陸を除く）。加えて、最近遣わされた国として、上総以下、七カ国を掲出している。これは幕府法の規定というよりも、むしろ備忘として記録されたものと考えられる。ただ、陸奥はほかの国に比べると、あまりに遠いようだ。

仁治《にんじ》三年（一二四二）一月十五日付の追加法の八カ条目には、次のとおり記されている。

《悪口、謀書、他人の妻と抱擁すること（不貞）、罪人を助けること、召人《めしうど》（＝囚人）を逃がしてしまうこと。》

すでに触れたとおり『御成敗式目』では、悪口や謀書が別々の条文で規定されていたが、それらにほかの罪状も含めて一つの罪状としている。

右の罪を犯した場合は流罪に処するか、所職（荘園の本所職などの収益権）を取り上げると規定されている。なお、召人を逃がしてしまうことに関しては、所領を召し上げるか、軽い場合は過怠（罰金）で済んだようである。いずれにしても、それらの罪は『御成敗式目』において、すでに流罪に処すると規定されていたものである。

鎌倉時代に入ると、かなり多くの裁許状が残っており、幕府に持ち込まれた訴訟が頻繁にあったことをうかがわせる。そうした事情を受け、正安二年（一三〇〇）七月七付で、幕府が追加法を発布していることを確認できる。それは、不実な行為により濫《みだ》りに訴訟を起こす御家人への対応である。不実な行為とは罪名を偽るなどし、他人を陥れようとして、盛んに訴訟を起こすことである。たび重なる偽りの訴訟の濫発は、幕府を大いに悩ませたに違いない。

この罪を犯した御家人は、原則として所領を没収したが、所領がない者は流罪が適用された。御家人にとって「一所懸命の地」である所領の没収は、大きな痛手であった。流罪はそれに準じる扱いであったといえよう。ただし、訴訟の濫発については、ことの軽重により判断するとあるので、必ずしも右の扱いが厳密に適用されたわけではないようだ。

†窃盗や博打

乾元《けんげん》二年（一三〇三）の追加法では、窃盗について規定がなされている。窃盗の罪を犯した場合は、流罪あるいは禁獄となっていた。初犯の場合は顔面に焼印が押され、三度におよんだ場合は処刑となった。ただし、侍の場合は、一度だけでも遠流に処するとある。顔面に焼印を押されるとヤケドのあとが残るので、遠流のほうがましだったのかもしれない。

博打《ばくち》を行った場合では、どうだったのだろうか。寛元二年（一二四四）十月の追加法には、次のとおり書かれている。

《博打について、侍の双六《すごろく》は許可するが、下臈《げろう》（身分の低い者）は禁止する。「四一半《しいちはん》」「双六」「目勝《めかち》」（以上、さいころ賭博）以下の賭博全般は、身分の上下を問わず禁止する。もし違反する者があれば、法に任せて所職・所帯を没収し、下賤《げせん》の者は遠流とする。》

この場合も、侍は特権的に双六を許可されているが、それ以外の者は認められず、判明した場合は重い罪に問われた。基本的には財産刑が科されていたが、下賤の者は財産がないとみなされ遠流である。博打をめぐっては、賭けごとによるトラブルが絶えなかったので、たびたび禁止措置がなされた。

同じく乾元二年(一三〇三)の追加法によると、侍が博打を行った場合は斟酌《しんしゃく》(手加減)するとある。しかし、凡下に関しては、一、二度目は指を切り、三度目に至ると伊豆大島に流すと規定されている。このケースでは、伊豆大島に流されるほうが、指を切られるよりも重罪であったことがわかる。ただ、注意しなくてはならないのが、ここまでも侍と凡下との間に処罰の区別があったように、概して侍の罪は軽かった。次に紹介する事例も含めて、追加法では凡下に対する規定を徹底し、厳罰化する傾向が読み取れる。

凡下の犯罪(殺人・暴行)に関しては、乾元二年六月十二日の追加法にも定められている。凡下が人を殺害した場合は斬罪、刃傷におよんだ場合は伊豆大島への遠流、打擲の場合は六十日間の禁獄という具合である。

個々のケースの罪の軽重を論じるのは難しいが、犯罪の多発化により、律令では忌避されていた肉刑が適用されるようになり、同時に流罪も併用されるようになったのだろう。ただ、死罪がもっとも重かったのには変わりない。

鎌倉時代においても、数多くの流人が存在した。しかし、そのすべてを網羅的に取り上げるわけにはいかないので、以下、特徴的な流罪の例を取り上げることにしよう。最初は、承久の乱で天皇が流罪となった例である。

†承久の乱の衝撃

承久《じょうきゅう》三年（一二二一）六月、承久の乱が勃発した。承久の乱とは、後鳥羽上皇とその近臣たちが鎌倉幕府の討滅を目論み挙兵したが、結果として幕府軍に敗北した事件である。

鎌倉幕府が開幕した時点において、朝廷と幕府は対立する様相を呈していたが、やがて関係は修復されつつあった。しかし、鎌倉幕府内部では二代将軍・頼家《よりいえ》と御家人との関係が悪化し、有力な御家人間の抗争も見られるようになった。のちに頼家は失脚して退けられ、元久元年（一二〇四）に殺害された。その後、実朝《さねとも》が三代将軍に就任するが、承久元年（一二一九）に暗殺されてしまう。こうして幕府の体制は動揺することになる。

一方の朝廷においては、親幕府勢力を追放するなどの動きがあった。実朝の暗殺後、幕府は後鳥羽上皇の皇子を鎌倉殿に迎えたいと奏請するが、これは拒否される。代わりに鎌倉殿に迎えられたのが、左大臣・九条道家《みちいえ》の子息・頼経《よりつね》である。一方、後鳥羽は討幕の意思を固めており、準備を着々と進めていた。

承久三年五月、後鳥羽の討幕計画が露見し、両者は対決することになる。当初、幕府では天皇に弓を引くことの不利を説いた者もあったが、北条政子を中心に結束を固め、東国の守護、御家人を中心に上洛する。一方、朝廷では西国の守護、御家人を頼ったものの、思ったほどの力にはならず、延暦寺へ支援を要請したが拒否された。結果、幕府軍は有利に戦いを進め、朝廷はあっけなく敗北を喫した。

乱後、後鳥羽・土御門《つちみかど》・順徳の三上皇は、流罪に処せられ、仲恭《ちゆうきよう》天皇は廃位となった。代わりに後堀河天皇が即位し、後堀河の父・後高倉法皇が院政を行う体制になる。この人事は、幕府の主導によるものだった。そして、朝廷方に与した公卿・武士の所領は没収され、なかには斬首された者もあったのである。

本章のテーマに則していえば、後鳥羽・土御門・順徳の三上皇が配流されたことが、もっとも重要になろう。以下、三上皇の動向を探ることにしよう。

†なぜ三上皇は流罪なのか

承久の乱後、なぜ三上皇は流罪に処せられたのであろうか。その点を明快に記した史料はないので、以下、私なりに理由を考えてみたい。

そもそも幕府には、朝廷を滅亡に追い込もうという考えはなかっただろう。一方において、東国における武家政権の威勢を示し、朝廷を相対化させる意思があったのは疑いない。そのためには、朝廷から反幕府勢力を一掃することが重要であり、それは天皇・上皇であっても例外ではなかった。それゆえ、朝廷だけに限らず、朝廷に加担した武士たちも処罰の対象となり、徹底して弾圧されたと思われる。

そして、肝心なのが人心の一新である。当然、首謀者である後鳥羽らは排除されるわけであるが、先述のとおり、次の天皇は幕府の主導により決定された。こうして朝廷人事に介入することにより、幕府の権限はいっそう高まったといえる。ただし、後鳥羽ら三上皇については、処刑が憚られたことであろうから、何らかの代わりの処罰が検討された。

処刑を断行することは前代未聞のことであり、かえって世上を動揺させる可能性がある。そうなると、次なる手段としては、死罪より重い流罪ということになる。前章で触れたとおり、保元の乱で敗北を喫した崇徳上皇を流罪とした先例もある。つまり、天皇、上皇といえども、流罪を科すことによって幕府の強い態度を示し、のちの憂い（以後、反旗を翻す者が出ないよう）を断つことが大きな目的だったのだ。

補足しておくと、後鳥羽の皇子・雅成《まさなり》親王は但馬《たじま》国に、頼仁《よりひと》親王は備前国へと流されている。理由は皇子が首謀者と血縁関係があったため、縁座を適用したのである。参考までにいうと、雅成親王は但馬からの逃亡を企てが果たせず、建長七年（一二五五）に同地で没した。頼仁親王も帰還を果たすことができず、文永元年（一二六四）に備前児島で亡くなった。

†後鳥羽上皇の隠岐配流

ここで、改めて簡単に後鳥羽の略歴を確認しておこう。

後鳥羽が誕生したのは、治承四年（一一八〇）。高倉天皇の第四皇子であった。寿永二年（一一八三）、平氏の西国逃亡とともに安徳天皇がいなくなったので四歳で践祚《せんそ》したが、そのとき神器を欠いていたことは有名な話である。結局、平氏が壇ノ浦で滅亡した際、安徳は宝剣とともに海に沈んだ。

建久三年（一一九二）、後鳥羽は十九歳で譲位すると、土御門・順徳・仲恭の三天皇にわたって院政を敷いた。それは二十三年にわたるものであった。やがて、後鳥羽は鎌倉幕府と対立を深め、承久三年（一二二一）に無残な敗北を喫したのは、すでに触れたとおりである。次に、敗北後からの経過について述べることにしよう。

承久三年七月六日、後鳥羽は住み慣れた院御所・四辻《よつつじ》殿をあとにして、離宮の鳥羽殿に身柄を移された。鳥羽殿に移った後鳥羽は、絵師の藤原信実《のぶざね》に似絵《にせえ》を書かせた。今生《こんじょう》の別れを意識したものであるのか定かではない。同月八日、後鳥羽は出家して、「良然《りょうねん》（または金剛理）」という法名を名乗った。戒師を務めたのは、皇子である仁和寺の道助法親王《どうじょほっしんのう》であった。翌九日、後堀河天皇が践祚し、新しい朝廷の体制が開始した。

後鳥羽が隠岐に向けて、鳥羽殿を出立したのは七月十三日のことである。乗せられた輿《こし》は逆輿といい、犯罪人が乗るものであった。出家した後鳥羽は、墨衣《すみごろも》の法衣《ほうえ》を身にまとっていた。もともと随行する面々も、罪人にふさわしく寂しい陣容であった。付き従ったのは、同じく出家した近臣の医王《いおう》（藤原）能茂《よししげ》（西蓮《さいれん》）、そして亀菊《かめぎく》ら数人の女房と供の者であった。道中で後鳥羽が病気になったり亡くなってもいいように、医師の和気長成《わけのながなり》と僧侶が随行した。

鳥羽殿をあとにした後鳥羽の一行は、摂津国の水無瀬宮《みなせ》（大阪府三島郡島本町）を経て、播磨国明石（兵庫県明石市）に入り、さらに伯耆国を目指した。行く先々で、身柄を受け取った武将が道案内を行っている。道中で盗賊などに襲われる可能性もあるので、そのような措置が取られたのであろう。

一行が出雲国に到着したのは、七月二十七日のことである。護送を終えた武士らは早々に引き上げた。後鳥羽が到着したのは、出雲国大浜湊《みなと》であるといわれている（『吾妻鏡』）。この大浜湊とは、現在の美保関（島根県松江市）のことである。ここで後鳥羽は、仏谷寺《ぶつこくじ》を行在所《あんざいしょ》（天皇が外出したときの仮の御所）としてしばらく滞在した。余談ながら、同寺には八百屋お七の恋人、小姓吉三の墓があることで有名である。

以降、和歌の名手でもあった後鳥羽は、たびたび自らの思いを和歌に託すことになる。その点は、追々確認することにしよう。

†隠岐という場所

隠岐とは、いったいいかなる地なのであろうか。

隠岐島は島根半島から北に約四十四キロメートル離れた場所に位置し、百八十余の小さな無人島と四つの大きな島で構成されている。四つの大きな島とは、島前《どうぜん》の知夫里島《ちぶりじま》、西ノ島、中ノ島の三島と島後《どうご》島である。隠岐国は知夫郡、海部《あま》（士）郡、周吉《すき》郡、穏地《おち》郡の四郡から構成され、鎌倉時代以降は佐々木氏が守護に任じられていた。

国とはいえ本土からは遠く、船での行き来は多くの危険をはらんでいたといえよう。特に、海が荒れていれば、当時の航海技術や船舶ではとても渡航が叶わなかった。古代の人々は隠岐について、西の果てにあり国境は新羅《しらぎ》（朝鮮）に近いと認識しており、まさしく辺境の地としてのイメージが強かった。後鳥羽が配流となった鎌倉時代初期には、未だそのような印象が強く残っていたことだろう。

美保関の行在所にしばらく滞在した後鳥羽の一行は、八月五日に隠岐の地に足を踏み入れた。後鳥羽の詠じた和歌によると、海は少なからず荒れていたようだ。後鳥羽が流されたのは、中ノ島（島根県隠岐郡海士町）である。上陸した崎港には、後鳥羽が休憩したという「御腰掛石」

が残っている。一行は、到着した崎港からほど近い三穂《みつほ》神社に身を寄せた。そこで一泊したあと、島の中央部の苅田郷に向かった。

後鳥羽が行在所としたのは源福寺である。源福寺は明治二年（一八六九）の廃仏毀釈《はいぶつきしやく》で破壊されたため、残念ながら現存しない。わずかに礎石などの遺構を残すのみである。もともと行在所は翠帳紅閨《すいちょうこうけい》（高貴な婦人の寝室）という華やかな雰囲気であったが、柴扉《さいひ》桑門《そうもん》という出家したものの住居形式に改められたという。

†隠岐で詠む和歌

前章で取り上げた崇徳は、讃岐に配流後は怨念の塊のようになり、非業の死を遂げた。その魂は怨霊となって、都の人々を恐怖のどん底に陥れた。では、後鳥羽は隠岐でどのような生活を送っていたのであろうか。

後鳥羽が刀に深い造詣《ぞうけい》を有し、諸国から著名な刀鍛冶《かじ》を招き、作刀させたことは有名な話である。天皇家の菊花紋は、後鳥羽自らが焼刃を入れ、十六弁の菊花紋を毛彫りしたことにはじまるという。隠岐においても、番鍛冶により作刀が行われたといわれているが、これは後世の創作の可能性が高い。

こうしたことも相俟って、「われこそは　新島守よ　隠岐の海の　荒き波風　心して吹け」

という和歌は、後鳥羽の衰えぬ強い意志をあらわしていると評価されている。ただ、実際は後鳥羽に加勢して、再び討幕を企《たくら》もうとする武将はいなかったと考えられる。後鳥羽はこの地に死ぬまでいると思い、力強く生き抜くことを宣言したのではなかろうか。むしろ、後鳥羽がますます力を入れたのは、得意とする和歌であった。

隠岐時代の歌集としては、『遠島百首』が知られている。おおむね延応元年（一二三九）以後に成立したと考えられている。後鳥羽が隠岐に来てから詠んだと考えられ、少しずつ改訂がなされたという。詠まれた和歌は、隠岐を題材としたもので、都とは違った異郷の風景を力強く詠んだ和歌が多いといわれている。

歌論書としては、嘉禄年間（一二二五～一二二七）頃に成立したと考えられる『後鳥羽院御口伝』がある（それ以前に成立との説もある）。内容は初心者や和歌をたしなむ者の知識や心得を七カ条にまとめ、源経信以下十五人の歌人を取り上げ批評している。なかでも当代一流の詠み手として知られる藤原定家《ていか》に対しては、やや辛口の評価がなされている。和歌に対しても、取り組みが衰えることがなかった。

隠岐を題材とした和歌を詠む一方、都の歌人のことも忘れ難く、書状により歌合せ（互いに歌を詠み優劣を競うこと）を行ったことが知られている。ただ、当時の書状のやり取りは、非常に時間がかかった。作品作りの時間を考慮すると、相当のんびりしたやり取りだったに違いない。

歌人としての後鳥羽の執念が感じられるのは、『新古今和歌集（隠岐本）』の精撰である。周知のとおり、『新古今和歌集』は元久二年（一二〇五）に藤原定家ら六人を選者として成立した。後鳥羽は隠岐に配流になって以降、定家らの『新古今和歌集』に満足せず、精撰に努めたといわれている。それが『新古今和歌集（隠岐本）』なのだ。改訂作業は、約十八年という長期間におよんだという。

このように、隠岐島における後鳥羽の生活は、都のようにいかなかったにせよ、充実していたようにも思えるほどである。

†後鳥羽の死

後鳥羽は亡くなる二年前の嘉禎《かてい》三年（一二三七）二月九日、置文を認《したた》めている（「水無瀬神宮文書」）。その概要は、以下のとおりになろう。

余命がいくばくもない後鳥羽院は、忠臣・藤原親成の行く末を気にしていた。そこで、後鳥羽は親成に感謝の意を表し、自らの死のあとに摂津国の水無瀬・井口両庄と出雲国の持田・加《か》賀《が》の両地が親成に伝領されることを願った。これが「後鳥羽天皇宸翰《しんかん》御手印《ごしゆいん》置文」であり、現在は国宝に指定されている。

後鳥羽が崩御したのは、延応元年（一二三九）二月二十二日である。享年六十。隠岐における流島生活は、十九年と人生の三分の一に相当した。『増鏡《ますかがみ》』によると、後鳥羽は死の間際まで帰京を切望していたという。同年五月、「顕徳院《けんとくいん》」という諡号《しごう》が贈られた。院号が「後鳥羽院」となったのは、仁治三年（一二四二）七月のことである。

遺骸は行宮のある海部郡苅田郷で火葬され、同年五月十六日に側近の藤原能茂が遺骨を携えて京都に戻った。いったん遺骨は大原（京都市左京区）の西林院に安置されたが、二年後の仁治二年（一二四一）二月に同じ大原に法華堂が設けられ納骨された。なお、隠岐神社には「後鳥羽上皇御火葬塚」がある。

†後鳥羽の怨霊

後鳥羽に関しては、崇徳と同様に怨霊に関する逸話が残っている。ここでは、その逸話をいくつか挙げておきたい。

後鳥羽の怨霊については、その生前からまことしやかに語られてきた。生霊とでもいうべきものであろう。生霊とは人に憑《つ》く人間霊のうちで、文字どおり生きた人の霊のことで、憑き物現象の憑依霊《ひょういれい》の一種とされている。

たとえば、ある人が他人に妬《ねた》み、嫉《そね》み、恨み、憎しみなどの悪感情を抱いていると、その人の霊が肉体から遊離して相手に取り憑いて苦しめ、ときに殺すことも可能であると信じられていた。『源氏物語』の六条の御息所《みやすどころ》の生霊が葵《あおい》の上を苦しめた逸話、『今昔物語』の離縁した妻の生霊が前夫を殺害した逸話などが有名である。取り憑かれた人は、祈禱師《きとうし》に依頼して、呪法で生霊を振り払うしかなかった。

安貞元年（一二二七）七月、天狗の狂乱ぶりが噂となった。歌人・藤原定家の日記『明月記《めいげつき》』によると、その理由は隠岐で配流生活を送る後鳥羽の所業であるという。後鳥羽の仕業という根拠は、ある法師の夢の内容に過ぎない。むろん事実とはみなし難く、後鳥羽が原因とは到底考えられない。後鳥羽は隠岐で生存中であっても、その怨念は都を世上不安に陥れたということになろう。

このあとも後鳥羽の生存中に、天皇家には不安が相次いだ。

天福元年（一二三三）九月、後堀河院の中宮で四条天皇の母・藻璧門院《そうへきもんいん》が二十五歳という若さで亡くなった。原因は、死産であったという。翌年八月、夫である後堀河も二十三歳で早逝してしまった。相次いで天皇家の二人が亡くなったのは、やはり不吉なことであると都の人々は考えた。

『五代帝王物語』によると、二人のあまりに早い死に対して、都では後鳥羽の怨念が作用していたと考えたようだ。つまり、生霊ということになろう。後堀河は承久の乱後、仲恭の代わりに即位したので、余計にそう思われたのかもしれない。

後鳥羽が亡くなる二年前の嘉禎三年（一二三七）八月、「後鳥羽院御置文案」のなかで、次のようなことを述べている。

《この世の妄念（誤った思いから生じる執念。妄執）にひかれて、魔縁（魔物）となることがあれば、この世に災いをなすことがあるかもしれない。》

つまり、後鳥羽は自らの不遇を嘆き、妄念によって魔物となるかもしれないと述べ、それがこの世に災いをもたらすことになると予言をしているのである。後鳥羽自身も怨霊の効果に期待していたのであろうか。この予言は、後鳥羽の死後に現実のものになり、次々と都の人々を脅かすことになる。

†後鳥羽死後の怨霊化

後鳥羽の隠岐島における流人生活は、延応元年（一二三九）二月二十二日に自らの死により終止符を打った。その期間は十九年に及んだが、ついに帰京するという悲願は達せられなかったのである。その無念の思いは、計り知れないものがあったであろう。

後鳥羽が亡くなって三カ月後、摂政・関白を歴任した九条道家が大病を患った。延応元年末には幕府の重鎮である三浦義村《よしむら》が亡くなり、その翌年には北条時房も没した。仁治三年には、

「御成敗式目」を制定した北条泰時が病没した。これらは、すべて後鳥羽の怨霊による祟りではないかと世に恐れられた。

なぜなら、北条時房・泰時そして三浦義村は、承久の乱で朝廷を打ち破った張本人である。九条道家は源実朝の亡き後、将軍として頼経を幕府に送り込んだ人物でもある。つまり、後鳥羽を苦境に追い込んだ人々は、怨霊によって呪い殺されたことになろう。しかも、後鳥羽の怨霊が跳梁《ちょうりょう》していたことは、公家日記の『平戸記《へいこき》』や『葉黄記《ようこうき》』、また幕府の史料『吾妻鏡』などで確認することができる。

先述したとおり、遺骨の安置場所を西林院から新たに建立した法華堂に移したのは、後鳥羽の霊を慰めるためであった。幕府のほうも、後鳥羽自筆の法華経を版木に彫って百部を刷り供養した。さらに宝治元年(一二四七)には鶴岡八幡宮(神奈川県鎌倉市)の麓《ふもと》に社殿を建立し、後鳥羽の怨霊を鎮めようとまでしている。当時の迷信が信じられる時代にあって、幕府も後鳥羽の怨霊を恐れたのである。

当初、後鳥羽は配流された隠岐にちなんで、「隠岐院」と諡《おくりな》された。延応元年五月には「顕徳院」と改められたが、後鳥羽の怨霊を鎮めるべく、仁治三年に再び「後鳥羽院」と改められた経緯がある。これも後鳥羽の怨霊を恐れてのことだろう。

後鳥羽の怨霊については、科学的な根拠はないものの、世を恐怖のどん底に陥れるのに十分であった。人々は後鳥羽の離島生活がいかに厳しく無念であったかを共有し、怨霊になったことを信じて疑わなかったのだ。

†土佐に流された土御門上皇

承久の乱に伴って、三人の上皇が配流となったが、そのうちの一人が土御門上皇である。土御門は後鳥羽の第一皇子で、建久六年（一一九五）に誕生した。践祚したのは四歳のときで、承元四年（一二一〇）には十六歳で弟の順徳天皇に位を譲った。詩歌に優れており、『土御門院御百首』などの家集がある。

承久の乱後、土御門は積極的に企てにかかわっていないことを考慮され、さして罪に問われなかったようである。しかし、そのことを潔しとしなかった土御門は、西園寺《さいおんじ》公経《きんつね》を通して幕府に自身を配流にするよう申し伝えた。当初、幕府はこの申し出を断ったが、たび重なる要請により、ついに土御門を土佐に流すことを決定したのである。以下、編纂物ではあるが、『承久記』などにより、京都から土佐に至る路程をたどることにしよう。

承久三年十月、土御門は源雅具《まさとも》、侍従俊平《としひら》らにわずかなお供（女房四人など）を引き連れ、都をあとにした。その経路は、須磨（神戸市）、明石（明石市）、高砂（高砂市）、尾上《おのえ》（加古川市。以上、兵庫県）を経て、そこから船に乗って讃岐国の屋島（香川県高松市）にたどり着いた。

屋島では、源平の争乱で幼くして命を落とした安徳天皇を偲《しの》んだという。

その後、土御門は屋島から松山（香川県坂出市）に移り、今度は保元の乱で讃岐に流された崇徳に思いを馳せたと伝わる。そこから、さらに土佐国に移ったようである。京都から土佐に至る旅程において、土御門は無念の思いで没した先祖を偲んでいる点が興味深い。それは、先祖に対するお詫び行脚でもあったのだろうか。

『阿波志』などの編纂物によると、土御門が滞在したのは畑（＝幡多。高知県中村市）であったという。しかし、土御門は土佐国での生活になかなか苦労したようである。いうまでもないが、都とは違った田舎なので、やむを得ないところであろう。しばらくして、土御門は土佐を離れ阿波に移ることになった。

†阿波への移動

貞応二年（一二二三）五月、土御門は土佐国から阿波国に移ることになり、阿波守護の小笠原長経《ながつね》の庇護を受けることになった（『吾妻鏡』）。『承久記』によると、その理由は住居が小さくて不便であったからだと書かれている。ただ、住居が狭いならば、新たに建て直せばいいのだから、ほかに何か理由があったのかもしれない。

土佐を出発した土御門の一行は、阿波に入ったところの中山（徳島県海陽町）付近で大雪に見舞われ、輿をかつぐ従者もすっかり音を上げるほどであった。また、四国は中心部が中国山地だったので、移動が非常に大変だったのである。このような苦労をして、何とか土御門は阿波に入国を果たしたのである。

土御門は、阿波国守護所の勝瑞《しょうずい》(徳島県藍住町《あいずみ》)にいたと考えられる(諸説あり)。守護の監視下に置かれたことだろうから、守護所の近くだったのはたしかであろう。土御門の阿波における生活そのものは、さほど詳しく伝わっていない。しかし、阿波で詠んだ和歌は多数にのぼり、田舎の物悲しい風景を詠んだものも少なくない。

藤原定家の日記『明月記』によると、嘉禄《かろく》元年(一二二五)四月に土御門が帰洛するとの世間の噂があったと書かれている。しかし、同年六月には、そのことが「狂説」と記されており、再び同年十月に噂が流れたことを書き留めている。結局、これらの風説はただの噂に過ぎず、土御門の帰還は実現しなかった。

嘉禄三年頃、現在の徳島県阿波市の御所屋敷に土御門の行宮《あんぐう》が築かれたという。それまでは守護所あるいはその周辺に居を構えていたのであるが、その間に改めて準備されたと考えられる。『吾妻鏡』によると、小笠原長経らにより土御門の御所が造営されたのは、安貞元年(一二二七)二月十三日のことであると書かれている。残念ながら、同書には御所の詳しい場所までは記されていない。

安貞元年閏十月、思いがけない事態が発生する。紀州熊野の悪党が土御門を迎え奉ろうとし、阿波に兵船三十艘で乗り込んだというのである（『明月記』）。守護の勢力は熊野の悪党と交戦し、これを追い払うことに成功した。しかし、それは何日のことかわからず、風聞にすぎなかったようである。阿波の勢力は漁火《いさりび》を敵と見間違えたとも書かれており、土御門を擁立するとの一件もガセネタであったようだ。とはいいながらも、土御門の帰洛の噂といい、熊野衆が奉ろうとした風聞といい、人々のなかには土御門の帰洛を願う声があったのかもしれない。

寛喜三年（一二三一）十月六日、死を悟った土御門はにわかに出家し、行源《ぎょうげん》という法名を名乗った。そのわずか五日後に亡くなったのである（『一代要記』など）。徳島県板野郡堀江（徳島県鳴門市）に火葬塚がある。のちに遺骸は金原寺《かねはら》（京都府長岡京市）に改葬された。配流地にちなんで、「土佐院」「阿波院」とも称される。

こうして十年にわたる土御門の配流生活は終焉を迎えたのであるが、父の後鳥羽と同じくついに帰洛を果たすことはできなかったのである。

†佐渡に流された順徳上皇

最後に、同じく承久の乱で佐渡に流された、順徳天皇について触れておこう。建久八年（一一九七）九月十日、順徳は後鳥羽の第二皇子として誕生した。幼少時から大変聡明であったと伝わっている。順徳は、兄の土御門から承元四年（一二一〇）十一月二十五日に天皇位を譲られた。十四歳のときである。

順徳は学問好きで知られており、禁中の故実作法を多数の古典籍を引いて解説した『禁秘抄《きんぴしょう》』という一書を著している。また、歌論を大成した『八雲御抄《やくもみしょう》』を著し、家集としては『順徳院御百首』などがある。ただ、父・後鳥羽の討幕には積極的に関与し、乱の直前の承久三年四月に皇太子（のちの仲恭天皇）に天皇位を譲っていた。

同年七月二十日、幕府は順徳を佐渡に流すことに決定した（『吾妻鏡』など）。『承久記』などの史料によって、その路程を確認することにしよう。

順徳に供奉をしたのは、冷泉為家《れいぜいためいえ》、花山院義氏《かざんいんよしうじ》、甲斐左兵衛佐範経《かいさひょうえのすけのりつね》、藤左衛門大夫康光《ふじざえもんだゆうやすみつ》らと女房二人（三人とも）であった。しかし、為家は最終的にお供をせずに京都に留まった。義氏も佐渡に向かう中で病により引き返したという。いずれにしても佐渡までの過酷な旅を恐れたのか、長旅に耐えられなかったということになろう。

順徳は佐渡にわたる手前で、寺泊で宿をとった。新潟県長岡市寺泊《てらどまり》二ノ関に史跡公園聚感《しゅうか》園《んえん》があるが、そこには順徳天皇御遺跡保存碑が建立されている。順徳はこの地に行在所を設けたと考えられている。せっかく寺泊に到着したものの、範経が病に罹ってしまった。その間、船を待たせていたが、結局は亡くなった。改めて旅の過酷さを物語っている。

こうして順徳は佐渡にわたり、最初にたどり着いたのが恋ケ浦（佐渡市豊田）であると伝わる。当初、順徳は国分寺を宿所としたが、その後、黒木御所（佐渡市泉甲《いずみ》）を造作し移っている。この行在所は、粗末なものであったという。ここで順徳は二十一年もの歳月を過ごすのであるが、心を癒すのは得意な歌であった。

残念ながら、順徳の佐渡における逸話はさほど残っていない。嘉禎三年（一二三七）秋、順徳は百首の和歌を作り（『順徳院御百首』）、後鳥羽と藤原定家に評価を求めた。後鳥羽は点（批評・添削）を施し、定家は点と判詞《はんことば》（優劣を判定した詞）を添えて順徳に返送した。しかし、定家はのちに『新勅撰《ちょくせん》和歌集』を編纂した際、幕府を恐れて順徳の歌を一首も採用しなかった。ただし、『小倉百人一首』には採用している。歌に対しては後鳥羽と同じく、常に精進すべく励んでいたようだ。

仁治三年（一二四二）九月十二日、順徳は亡くなった。享年四十六。『増鏡』によると、順徳は帰京の思いをあきらめずに持ち続けたという。遺骸は翌日に火葬された。その場所が、真野（佐渡市真野）の御陵である（火葬塚）。その後、遺骨は大原（京都市左京区）の大原陵に収められた。当時の史料では佐渡院と称されていたが、のちに順徳院と追号された。

真野御陵については、近世の逸話がある。御陵は近世に至って荒廃を極めたため、延宝六年（一六七八）に管理していた真輪寺《しんりんじ》と国分寺が連名で佐渡奉行に対し修理を要請した。奉行の曽根吉正は要請を受け入れ、翌年に五十間（約九十一メートル）の土地を寄進し、修理だけでなく石灯籠までも献じたという。

†流罪になった天皇の扱い

承久の乱に伴い、配流された三人の天皇についてみてきた。いずれも共通するのは、望郷の念があったにもかかわらず、結局は悲願の帰京を果たせなかった点である。それは、どのように考えるべきなのだろうか。

実は、この点について幕府が公式的な見解を述べた史料は残っていない。しかしながら、ある程度の推測は可能である。

一つ目には天皇を死罪にするわけにはいかないので、次に重い流罪を適用した。この場合の流罪というのは、実質的に死罪と同じ感覚であったに違いない。それゆえ、さまざまな理由をつけて、ほかの罪人のように許すという選択肢はなかったと考えられる。

二つ目には、天皇を許して帰京させた場合、どのような政治的影響が出るかという問題である。当時における政治的な状況を考慮し、「謀反」を起こした天皇が帰京した影響力を予想すると、とても罪を許すという判断はあり得なかったと考えられる。つまり、幕府は、承久の乱の再発のようなことも予測していたかもしれない。幕府は天皇が帰京を果たせないという状況を作り出すことにより、謀反を抑制する効果を狙ったとも考えられる。

幕府にとって、承久の乱は権力基盤を確立する千載一遇のチャンスであった。それゆえ、首謀者を安易な形で許すということは、もはやなかったと考えるべきであろう。

†鎌倉新仏教の誕生と法難

ここまでの流罪の適用については、あくまで政治的な問題（権力闘争の結果）によって、処せられる例が圧倒的であったといえる。つまり、互いが戦って、勝者が敗者を裁くということになろう。敗者に死罪はなかなか実行に移されなかったが、その次に重い流罪が適用された。多くの場合は途中で帰還を許されることなく、配流の地で生涯を終えた。

ところが、承久の乱後に大乱が起こらなくなると、流罪の適用についても変化があらわれる。その契機となったのが、鎌倉新仏教の誕生とその布教活動にあった。

おおむね平安末期に至るまで、わが国の仏教の主流は南都六宗（三論《さんろん》宗、成実《じょうじつ》宗、法相《ほっそう》宗、倶《く》舎《しゃ》宗、華厳宗、律宗《りつしゅう》）と真言宗、天台宗などの旧仏教であった。旧仏教は国家と密接に関わりを持ち、鎮護国家に重きを置いていた。それゆえ、国家はそれら旧仏教を庇護していた。したがって、旧仏教の目的は宗教上の個人の救済ではなく、鎮護国家や仏教（仏典）の研究にあったといえる。しかし、その流れは、平安末期から鎌倉時代にかけて大きく変わる。

平安末期に浄土宗を広めた法然《ほうねん》を嚆矢《こうし》として、続々と鎌倉新仏教と称される新しい宗派が民衆に広まった。浄土真宗（親鸞《しんらん》）、時宗《じ》（一遍《いっぺん》）、法華宗《ほっけ》（日蓮《にちれん》）、臨済宗《りんざい》（栄西《えいさい》）、曹洞宗《そうとう》（道元《どうげん》）などである。それぞれの教義には詳しく立ち入らないが、これまでの仏教のように難しい仏典などを学ぶ必要はなく、ひたすら念仏を唱えることにより救われるなどという単純明快さが受け、一気に武士、公家、庶民の間に広まったのである。新仏教は現在に至るまで、広く人々の間に広まり受け入れられた。

ところが、鎌倉新仏教の教えは、旧仏教の反発を受けることになり、ときに国家から激しい弾圧を受けた。承元元年（一二〇七）に起こった「承元の法難」もその一つで、法然は旧仏教から指弾され、後鳥羽上皇から専修念仏を禁止された。それだけでなく、法然は土佐国（のちに讃岐国に変更）に流され、弟子の親鸞も越後へ流罪。ほかの弟子も死罪に処せられるなどした。しかし、各宗派は厳しい弾圧により衰えるどころか、ますます興隆するのである。

法難とは、仏教の教団や教徒が、ときの権力者から受ける迫害のことで、仏法の受難のことを意味する。鎌倉時代には、法難により流罪を命じられる例があった。以下、それらの事例を確認することにしよう。

†越後に流された親鸞

最初に取り上げるのは、浄土真宗を広めた親鸞である。親鸞は日本史の教科書に出てくるほど著名な人物であるが、根本史料は曽孫の覚如《かくにょ》が作成した『親鸞伝絵』という絵巻物に過ぎず、親鸞が発給した書状は晩年にわずかばかり残っているに過ぎない。『親鸞伝絵』は永仁三年（一二九五）に成立したが、のちに焼失。康永二年（一三四三）に書き直された。初稿本は、親鸞没後から約三十年後に成立したことになる。

あまりに史料が少ないことから、戦前には「親鸞は実在しなかった」という説があったほどだ。以下の親鸞に関する叙述については、基本的に『親鸞伝絵』が史料的根拠であることをあらかじめ申し述べておく。

承安三年（一一七三）、親鸞は日野《ひの》有範《ありのり》の子として誕生した。幼い頃に母に先立たれ、わずか九歳で出家。その後、慈円《じえん》のもとで得度し、比叡山で二十年余にわたる修行を積み重ねた。しかし、親鸞は修行で安心を得られず、建仁元年（一二〇一）に京都・六角堂に百日間籠り続けた。同年、法然の弟子となり、専修念仏に帰依する。のちに勃発したのが、先述した承元の法難なのである。承元の法難とは、いかなる事件なのか。

建久九年（一一九八）、法然は九条兼実《かねざね》の勧めもあり、『選択本願念仏集《せんちゃくほんがんねんぶつしゅう》』を執筆した。同書で往生の要因が念仏を基本とすると主張したため、法然は絶えず旧仏教からの非難にさらされ、朝廷も対応に苦慮した。建永元年（一二〇六）、鹿ヶ谷草庵で催された念仏法会《ほうえ》において、後鳥羽上皇が寵愛する松虫姫と鈴虫姫が参加した。

松虫姫と鈴虫姫は参加だけにとどまらず、安楽房《あんらくぼう》と住蓮房《じゅうれんぼう》に懇願して剃髪《ていはつ》してしまった。それだけでなく、松虫姫と鈴虫姫の二人は、上皇が不在の御所に安楽房と住蓮房を招き入れ、宿泊させたのである。御所に見知らぬ者を招き入れることは法度であり、しかも二人の姫が無断で出家したことも問題となった。

これに激怒した後鳥羽上皇は、翌承元元年（一二〇七）に専修念仏を禁止し、安楽房と住蓮房とほか二名を死罪とした。加えて、法然は土佐国に配流、親鸞は越後国に流されることになった。しかし、九条兼実の懇願により、法然の配流先は讃岐国になった。二人は僧籍を剥奪され、法然は「藤井元彦」、親鸞は「藤井善信」と名乗らされた。法然が許されたのは建暦元年（一二一一）のことで、その翌年一月に亡くなった。

†なぜ越後に流されたのか

ともあれ、なぜ親鸞の流刑地が越後に決まったのであろうか。そのカギを握るのが、親鸞の妻・恵信尼《えしんに》の存在である。

恵信尼は、越後介《すけ》を務めた三善為則《ためのり》（系図では為教）の娘であるといわれている。誕生したのは寿永元年（一一八二）なので、親鸞より九歳も年下であった。恵信尼が注目されるのは、何も親鸞の妻だったことだけが理由ではない。彼女が残した十通の書状は、記録が乏しい親鸞の生涯を語るうえで、極めて貴重だからでもある。結婚した二人は、三男三女に恵まれた。なお、恵信尼の没年は文永五年（一二六八）とされているが、確定ではないようだ。

そもそも親鸞は、「承元の法難」後に死罪に処せられる予定であったという。しかし、覚如の手になる法然の伝記絵巻『拾遺古徳伝《しゅういことくでん》』によると、親鸞と遠縁にある権中納言の六角親経《ちかつね》が議定において罪の軽減措置を進言し、流罪に処することで罪を減じてもらったという。六角親経の系譜を確認すると、たしかに親鸞の六代前の先祖・有国の子孫に親経の名前がある（『尊卑分脈』）。また、親経は議定に参加する立場にあり、召集された実績があると指摘されている（『猪熊関白記』）。したがって、親経が親鸞の罪の軽減を進言した直接的な史料はないものの、状況証拠からは可能性があることが示唆される。

先述した恵信尼の実家の三善氏は、越後に所領を持っていたといわれている。父の三善為則の越後介としての在任期間が一年余に過ぎなかったことから、中央からの土着は困難と指摘されており、そもそも越後の在庁官人だったのではとの説がある。一方、三善氏の一族は越後国司になった者が多いことから、中央官人であるとの説もあり、その間に所領を保持していたのではないかとの指摘もなされている。いずれにしても不明な点が多い。

加えて、親鸞の伯父・宗業《むねなり》は、配流直前に越後権介《ごんのすけ》になっていた。その後、約四年近くにわたって、その職にあった（『公卿補任』）。流人というのは、監禁されているわけではないので、何らかの庇護が必要である。親鸞は三善氏の一族、伯父の監視下にありながらも、一方で庇護を受けていたのではないだろうか。つまり、親鸞の縁者がいたことにより、越後への配流が決定したということになろう。

†越後での生活

もう一つの大きな問題は、親鸞が恵信尼といつ結婚し、越後に連れて行ったのかという件がある。これまで親鸞が恵信尼と結婚したのは、京都時代のことであったという説と越後に赴いてからという説があった。ともに確証はないものの、現在では京都時代にすでに結婚していたのではないかという説が有力視されている。

京都時代に二人が結婚したという説の弱点は、流罪になった親鸞に妻は同行できないと考えたからである。しかし、すでに触れたとおり、流罪になった場合は、妻妾《さいしょう》を連れて行くのが法の定めであった（「獄令」一一条）。したがって、親鸞が結婚していても、恵信尼を帯同することには一向に問題がなかった。現在では、親鸞が京都時代に恵信尼と結婚し、ともに越後に向かったという説が有力である。

では、親鸞はどのルートで越後に向かい、越後ではどのような生活を送っていたのだろうか。

実は、その点についてはあまり詳しくわかっていない。

承元元年（一二〇七）、親鸞は北陸道を下り、現在の新潟県糸魚川《いといがわ》市（旧能生町《のうまち》）から船で上越市直江津の居多ヶ浜《こたがはま》に上陸したといわれている。そして、五智国分寺（新潟県上越市）の竹之内草庵で一年余りにわたって滞在し、次に現在の国府別院（上越市）の地である竹ヶ前草庵《たけがはなそうあん》へと移り住んだのである。今も五智国分寺の境内には小堂があり、親鸞にまつわる旧跡と伝わるが、確証はなく江戸時代の伝承に過ぎないようである。

越後における親鸞は、米と塩だけの貧しい食生活で凌《しの》いだといわれている。配流の翌年には、自ら鍬を取り荒れ地を開墾し、自給自足の生活を送ろうと取り組んだ。また、親鸞は越後国の一宮である居多《こた》神社（上越市）に詣で、一日も早く赦免されるよう願い、歌を詠んで神前に供えた。すると、境内の葦《あし》が一夜にして片葉になったという逸話がある。この現象は、「越後七不思議」の一つに数えられている。いうまでもなく、こうした話は事実とは認めがたく、親鸞の神秘性や特殊な能力を喧伝しようとしたに違いない。

親鸞の配流生活は五年にわたって続き、建暦元年（一二一一）十一月十七日に赦免となった（『親鸞伝絵』）。しかし、親鸞は京都に戻ることなく、そのまま関東に下ったのである。これまで、政治犯たる天皇などは、生涯を配流先で過ごし死を迎えた。しかし、親鸞のケースは途中で許されている。許された理由も判然としないところであるが、そもそもの配流された理由が国家転覆などの重大事件でもなかったことが考慮されたのではないか。こうして親鸞の流罪生活は終わり、関東での新しい生活がはじまった。

†二度の法難に遭った日蓮

たびたび法難に遭った著名な宗教者としては、日蓮も有名である。まず最初に、日蓮の経歴を確認しておこう。

貞応元年（一二二二）、日蓮は安房国長狭郡東条郷小湊（千葉県鴨川市）で誕生した。幼名は薬王丸。日蓮の父の素性はわかっておらず、「貧窮下賤の者」（『佐渡御書』）あるいは「安房国長狭郡東条郷片海の海人」（『本尊問答抄』）などと記されているが、出生や幼少時のことなど詳しいことは不明である。

十二歳になった日蓮は、山岳寺院として著名な清澄山《きよすみやま》の清澄寺《せいちょうじ》（鴨川市）に入り、住僧の道《どう》善房《ぜんぼう》のもとで修行に励む。そして十六歳のとき、是聖房蓮長《ぜしょうぼうれんちょう》と名乗り正式に出家する（以下、日蓮で統一）。しかし、清澄寺の修行で物足りなくなった日蓮は、鎌倉、京都、高野山、四天王寺、興福寺、延暦寺などでの修行の旅に出た。旅のなかで、日蓮は法華経でこそ、すべての人々が成仏できるとの確信を得る。建長五年（一二五三）、日蓮が三十二歳のときであった。こうして日蓮宗が誕生したのである。

ところが、日蓮の考え方は周囲に受け入れらず、苦難が待ち構えていた。やがて日蓮は清澄寺を離れると、鎌倉へと逃れ松葉ヶ谷《まつばがやつ》（神奈川県鎌倉市）に草庵を構えた。ちょうどこの頃、東国では地震、旱魃《かんばつ》、疫病、飢饉などの天変地異に見舞われ、人々は大いに不安を感じていた。こうして執筆されたのが『立正安国論』であり、前執権の北条時頼に呈上された。文応元年（一二六〇）のことである。内容は天変地異による災害を克服すべく、『法華経』の信仰に基づく善政を施すよう進言したものだ。

日蓮の教えは即座に受け入れられるどころか、当時、広く受け入れられていた浄土宗の信者の反感を買った。同年八月、浄土宗の信者が松葉ヶ谷を襲撃し、日蓮の草庵を焼き討ちにした（松葉ヶ谷の法難）。助かった日蓮は下総に行き難を逃れ、ようやく事態が鎮静した。翌年、日蓮は再び鎌倉に向かったが、またもや災難に見舞われる。

†伊豆の法難

日蓮が鎌倉に向かった頃、幕府の方針によって布教活動が極めて困難になっていた。弘長元年（一二六一）二月、幕府は「関東新制条々《じょうじょう》」を発布し、神事や仏事の決まり事を定めた。それだけでなく、破戒僧（戒律を破った僧侶）を鎌倉から追放したり、僧侶が裹頭《かとう》（布で頭を包むこと）で鎌倉を歩くことを禁止した。つまり、布教活動に制限を加えたのだ。

幕府の政策は、日蓮宗の布教に大きな支障をきたした。というのも、日蓮宗は他宗を厳しく批判することから、特に危険視されていたのである。日蓮から『立正安国論』を贈られた北条時頼は、建長寺の蘭渓道隆《らんけいどうりゆう》（臨済宗）や西大寺の叡尊《えいそん》（律宗）に帰依しており、厳しく戒律を守る仏教に理想像を求めたといわれている。

このような状況下の弘長元年五月十二日、日蓮は突如として幕府の勘気《かんき》を蒙《こうむ》り、伊豆国伊東郷（静岡県伊東市）に配流された（『報恩抄』）。なお、「一谷入道御書《いちのさわにゆうどうごしよ》」には五月十三日のことと記されているが、現在は五月十二日が通説となっている。とはいえ、ことの経過や伊豆における日蓮の生活についてはたしかな史料を欠くため、伝承によるしか知ることはできない。ただ、日蓮の布教活動が問題視されたことは、疑いないところであろう。

伊豆国の伊東といっても、鎌倉からさほど距離が離れているわけではない。「一谷入道御書」には、「兵衛介頼朝のながされてありし処なり」と由緒ありげに書いているが、さほど意味はないように思われる。

日蓮がたびたび訪れていたのは、生誕地の安房や下総の八幡《やわた》（千葉県市川市）であった。とりわけ八幡には、日蓮に指導を仰ぐ富木常忍《ときじようにん》、太田乗明《じようみよう》、曽谷教信《そやきようしん》といった、守護千葉氏の配下の者たちがいた。日蓮を単に鎌倉から追放すれば、再び彼らの庇護を受けるのは目に見えており、追放の効果はないと予想されたに違いない。

つまり、幕府としては日蓮を鎌倉から追放しつつも、適度な距離にある伊豆の伊東を配所に定め、一定の監視を行おうと考えたのだろう。当時、伊豆の守護は、一族の北条氏が担当しており、監視をするなら好都合であったといえる。

†伊豆への出立

日蓮が鎌倉の由比ガ浜《ゆいがはま》を出発しようとすると、弟子の日朗《にちろう》が船にすがりついたので、船頭が櫂《かい》で打ち据えたという。罪人となった日蓮には従者が少なかったので、日朗は急遽同行を願い出たのだろう。結局、日朗は腕の骨を折り、その後はなかなか完治に至らず、満足に字を書けなくなったと伝わる。

船が伊東に近づくと、船頭は陸地ではなく、俎岩《まないたいわ》(伊東市富戸《ふと》)に日蓮を降ろした。俎岩は干潮のときこそ姿をあらわすが、満潮になると波に沈んでしまう危険な岩であった。日蓮が危機に瀕していたところ、通りがかった川奈(伊東市川奈)の漁師の船守弥三郎に助けられたという(『船守弥三郎許御書』)。なお、『本化別頭仏祖統紀』によると、「小目浦《ささめうら》」(篠見ヶ浦《さざみがうら》)に上陸したと書かれている。

伊東市富戸には、北条氏配下の今村若狭守《わかさのかみ》が日蓮を偲《しの》んで創建した蓮着寺《れんちゃくじ》があり、近くには日蓮岬がある。しかし、好漁場であるはずの川奈から、わざわざ弥三郎が篠見ヶ浦へ行くことも疑問視されており、実際に日蓮が上陸したのは川奈ではなかったかという説もある。日蓮を俎岩に置き去りにしたというのは、荒唐無稽であるとの指摘もある。それは、日蓮の生涯を劇的にするための逸話なのかもしれない。ただ、真相については、もはや知るべくもない。

†日蓮は抹殺されそうになったのか

一説によると、幕府は日蓮を抹殺するのが目的であったといわれている。伊豆への配流は、単なる名目にすぎないというのだ。日蓮を俎岩に置き去りにしたのも、殺害が目的であったと指摘されているほどである。日蓮は流罪になったにもかかわらず、現地の役人に引き渡されることもなかった。日蓮の殺害が目的ならば、現地の役人にも伝える必要がなかったであろうし、逆に役人も知る必要もなかったであろう。そこで、日蓮が生きていることを知った幕府は、伊東祐光《すけみつ》に預けることにした。

同年六月十七日、祐光の使者・綾部《あやべ》正清《まさきよ》が日蓮のもとにやって来た。祐光が病気になったため、平癒の祈願を依頼したのであったが、日蓮はこれを承諾している。この経緯を見ると、幕府が日蓮を亡き者にしようとしたのか疑問である。というのも、幕府からすれば、日蓮を殺すことなどいともたやすかったに違いない。おそらく俎岩の件は、日蓮がいかなる困難にも耐え、布教活動に邁進した力強い姿を描きたかっただけで、あまりに設定が不自然である。

以後、日蓮は弥三郎の苫屋《とまや》（苫で屋根を葺いた粗末な家）に招かれ、食事などの世話をされた。弥三郎の姓の船守とは、日蓮から授けられた称であるという。

伊東に流されてから約二年半が過ぎた頃、日蓮は北条時頼から許され、再び鎌倉に帰ってきた。弘長三年（一二六三）十一月、時頼は病により帰らぬ人となった。時頼の没後、執権・北条政村《まさむら》と連署・北条時宗が政権を担うことになった。文永元年（一二六四）、小松原の法難（浄土宗の信者による襲撃事件）などもあり、日蓮は下総・八幡で雌伏のときを過ごすのである。しかし、再び日蓮に災難が降りかかる。

†蒙古襲来の予言

文永三年（一二六六）の春頃、日蓮は下総・八幡から再び鎌倉に赴いた。日夜、日蓮は弟子たちと修学の日々を送ったという。同年七月には宗尊《むねたか》親王が将軍を追われるなど、世上は不安に包まれていた。文永五年一月、モンゴルからの国書が幕府に届いた。国書の内容は友好関係を求めるものであったが、日蓮はこの動きに素早く反応した。

実は、かつて日蓮が著した『立正安国論』には、「他国侵逼《しんぴつ》の難」という章がある。それは、外国の侵略により、災難が訪れることを予言したものだった。日蓮は自著で書いた予言が現実のものとなったので、ますます布教活動に熱を入れる。同時に若き執権・北条時宗に書状を送り、蒙古《もうこ》襲来という災難を避けるべく、体制的仏教である諸宗を退けるよう要望したのである（『十一通の御書』）。

これは、日蓮宗が反体制仏教であることを明言したものであり、日蓮自身の立場を危うくすることになった。日蓮の活発な活動により、支援者や信仰者が増加した。一方、幕府は蒙古からの国書に返事は出さず、有効な手段を打ち出すことができないでいた。文永八年になると、日蓮が激しく非難した体制仏教の諸宗が日蓮を激しく糾弾し、幕府に対して処分を求めるようになる。日蓮は公開の場での諸宗との問答を要求し、私《わたくし》での対決をしなかった。その最中の同年九月十二日の昼頃、ついに日蓮は幕府に捕縛されたのである。

捕縛を命じたのは、北条得宗家の御内人で権勢を誇っていた平頼綱である。頼綱は侍所の大軍勢を率い、あっという間に日蓮の草庵を一網打尽にしたのである。大軍勢を率いたのは、日蓮の支援者や信者を意識してのものであろう。それほど日蓮の影響力は、大きかったといえるのかもしれない。

†佐渡への流罪

捕縛された日蓮は鎌倉市中を引き廻され、幕府に連行された。そして、午後六時ごろには佐渡への流罪を言い渡されたという。まったく弁明の余地はなかった。すぐに出発を命じられた日蓮は、翌十三日の午前一時ごろに鎌倉を追い立てられるようにあとにした。実は日蓮だけではなく、関係者の多くも捕らえられており、不安のなかでの出発だった。

当時、佐渡の守護を務めていたのは、大仏宣時《おさらぎのぶとき》であった。守護代は本間重連《しげつら》が務めており、相模国依智《えち》（神奈川県厚木市）に本拠を構えていた。しかし、日蓮が向かったのは佐渡ではなく、幕府の処刑場として知られる龍ノ口（神奈川県藤沢市）であった。日蓮は斬首の座に据えられて覚悟したが、結局刑は執行されなかった。刑が執行されなかった理由については、江の島方面から光る物体が飛来し、武士たちは光に目を射られて斬首できなかったというエピソードが残っている（『種種振舞御書』）。

命拾いした日蓮は、十三日中に依智の本間邸にたどり着いた。本間邸では厳しく監視されたが、一方で支援者のひとり富木常忍の使者が安否を気遣う書状を送ることもあった。日蓮はかろうじて携えてきた筆記用具を取り出し、返事を認めたのである。支援者の存在だけが、日蓮の心の支えだった。

†佐渡へ出発する

依智の本間邸で日々を送る日蓮は時間を惜しんで書を認め、支援者との面会に臨んだ。出発の日は刻一刻と迫っており、文永八年十月十日に依智をあとにして佐渡に向かった。奇しくも幕府が、蒙古への防衛を命じた日と同じであった。

約十二日にわたる佐渡への路程は、次のとおりである。日蓮ら一行は鎌倉街道の中ノ道から武蔵国久米川（東京都東村山市）に出て、さらに碓氷峠《うすいとうげ》（群馬県安中市と長野県軽井沢町の境の峠）を経て信濃国へ入った。日蓮は信濃国から越後へ入り、十月二十二日に越後国寺泊《てらどまり》（新潟県長岡市）に到着した。

寺泊は、佐渡へ渡る港として知られる。ここから佐渡に渡海するのである。周知のとおり、冬の日本海は海が荒れており、船が難破することも珍しくなかった。日蓮の不安な心境を富木常忍に書き送ったのが、『寺泊御書』である。

日蓮の佐渡渡海は困難を伴った。寺泊を出発した日蓮は暴風に見舞われ、北に位置する越後の角田浜に流れ着いたという。二回目の渡海で佐渡の松ヶ崎にたどり着いた日蓮ら一行は、小佐渡山脈を越えて、佐渡のほぼ中央に位置する守護所に到着した。島とはいえ、山深い道のりを走破しなくてはならなかった。

守護所の裏手には、守護代・本間重連の屋敷があった。寒さに打ち震える日蓮が案内されたのは、守護所にほど近い塚原という場所だったという。日蓮は、ここに三昧堂《ざんまい》を開創した。これが、のちの根本寺である。

†佐渡での厳しい生活

佐渡における日蓮は、活発な布教活動を再開した。日蓮が佐渡に流されて一ヵ月後、浄土宗を信奉する弁成《べんせい》という僧侶と問答をした。その記録が『法華浄土問答鈔』であり、連名して花押が据えられている。ともに主張するところは相混じることなく、平行線をたどったが、日蓮にとって意義深いことであった。

加えて、日蓮は『八宗問答抄』や『開目抄』など、旺盛な執筆活動を行っている。とりわけ『開目抄』は、改めて正法である法華経の信仰を強調し、誤ったほかの仏教信仰を激しく糾弾した書である。日蓮は、自身の動かざる信念を表明したのである。佐渡は鎌倉とは違い、寂しい土地柄であったかもしれないが、その静けさがいっそう執筆に専念できる環境だったといえるのかもしれない。

執筆活動の一方で、佐渡では日蓮の教えが徐々に浸透していったようである。日蓮の地道な布教活動は、徐々に効果をあらわしたのである。鎌倉にいた信者のなかには、わざわざ佐渡の日蓮のもとを訪れるものがあったという。日蓮から日妙の名を与えられたその信者は、女性だった。文永九年五月二十五日、日蓮は日妙に『日妙聖人御書』という書状を与えた。日蓮の書状を得ることにより。日妙はますます信仰に打ち込むのである。

日蓮は信者の疑問に答えるべく、こうした書状をたびたび認めた。なかには、他宗から日蓮宗に改宗するものもあったという。

日蓮の生活は、厳しかったと考えられる。守護所に近い場所に住んでいたので、食糧などは支給されていたのだろう。あるいは、近隣の農民からの差し入れがあったかもしれない。佐渡の檀越《だんおつ》の国府入道《こうにゅうどう》とその妻の国府尼《こうのあま》は、日蓮の有力な支援者の一人である。守護からの圧力のあるなか、国府入道夫妻は日蓮にたびたび差し入れをしたという。また、承久の乱で佐渡へ流された順徳上皇に仕えた阿仏房も、妻の千日尼とともに日蓮を支援した。

†赦免への道

とはいいながらも、決して日蓮は赦免を積極的に願っていたわけではないようだ。文永九年二月には二月騒動が勃発し、執権の北条時宗は謀反の疑いありとして、鎌倉の名越時章《なごえときあき》・教時《のりとき》兄弟と六波羅探題《ろくはらたんだい》南方の北条時輔《ときすけ》（時宗の異母兄）を討伐した。このような世上不安のなかで、日蓮の赦免は望むべくもなかった。

翌文永十年になると、日蓮は鎌倉への帰還を断念する気持ちを吐露しつつ、一方で流罪の赦免を願うなど、心中の逡巡した様子がうかがえる。日蓮が悩んでいる一方、先述のとおり弟子は増加の一途をたどり、改宗者すらいたほどである。この事態を憂慮した佐渡守護の大仏宣時は、守護代に対して日蓮の取り締まりを命じたほどだ。事態は悪化の一途をたどるかのように思われたが、ようやく日蓮に一筋の光明が差す。

文永十一年三月八日、ようやく日蓮は赦免され、鎌倉に帰ることを許された。特に、赦免された理由はわかっていない。こうして約二年半にわたる日蓮の流人生活は終止符を打った。赦免された五日後の三月十三日、日蓮は佐渡を発った。その途中の善光寺（長野市）では、他宗の者が日蓮を襲撃すべく、手ぐすねを引いて待っていたという。鎌倉に到着したのは、三月二十六日のことである。日蓮はいくつもの危機を乗り越えて、無事に帰還を果たしたのである。

幕府にとって、日蓮は要注意の人物であったに違いない。しかし、わざわざ殺さなくてはならないほどの人物であったのかは、疑問が残るところである。日蓮の教えに感化されて、信者となる者は少なくなかったかもしれないが、それが国家の屋台骨を揺るがす事態とは思えない。むしろ、日蓮の過激なまでの他宗への攻撃が軋轢《あつれき》を生み、また日蓮の行動や思想が幕府の宗教政策や方針と相容れず、弾圧の方向に向かったと考えられる。つまり、世上を不安に陥れることが、問題視されたのである。

とはいえ、それは佐渡の流罪とすれば事足りると考えたに違いない。しかも天皇のように帰還を許さないという、厳しい扱いはしなかった。日蓮には国家を打倒するだけの軍事力を持たず、また動員しうるだけの影響力はなかった。天皇のような政治犯とは、大きく異なっていた。

そうしたことも考慮されたのだろう。しかし、日蓮は不屈の闘志で、その後も布教活動や執筆活動を展開するのである。

†京極為兼の佐渡流罪

ここまで、主として天皇あるいは宗教者の流罪の例を取り上げたが、公家について取り上げておきたい。その人物こそ京極為兼《きょうごくためかね》である。為兼とは、どのような人物なのか。

建長六年（一二五四）、京極為兼は藤原為教《ためのり》の子として誕生した。一般的には「ためかね」と読むが、「ためかぬ」という読みが正しいとの説もある。為兼が京極を姓としたのは、為家《ためいえ》（為教の父）が父・藤原定家の邸宅である一条京極邸（京都市中京区）を受け継ぎ、家号を京極としたからであるといわれている。

藤原定家を先祖に持つだけあって、為兼の父・為教は歌に秀でていた。その血を受け継いだ為兼も、歌人として優れた人物であった。為兼の家風は革新的なものであったといわれ、伝統的な作風にこだわる二条為氏《にじょうためうじ》・為世《ためよ》とは対立関係にあった。正和元年（一三一二）に勅撰和歌集『玉葉和歌集《ぎょくようわかしゅう》』が刊行されるが、為兼は為世と選者の座をめぐって争い、結果的に単独の選者になったほどである。

為兼の場合、問題となったのが政治に深く介入したことである。為兼は関東申次を務める西《さい》園寺実兼《おんじさねかね》の家司《けいし》となり、持明院統の伏見天皇の東宮時代から仕えていた。やがて、為兼が近臣として政治に深く関与すると、実兼と対立するようになった。こうして永仁六年（一二九八）、為兼は佐渡に配流される。その辺りの事情を探ってみよう。

†原因は讒言

永仁四年（一二九六）五月十五日、それまで歌壇において栄華を誇っていた為兼は、権中納言の職を辞した（『公卿補任』）。これは為兼の人生の転落のはじまりであった。二年後の永仁六年一月七日、為兼は六波羅探題に召し取られた。事件から約四十年後の『花園院記』元弘二年三月二十四日条には、為兼の亡くなったことを受けて、召し取られた理由を記している。以下、要約して書いておこう。

為兼は和歌をもって仕える身でありながら、やがて政治に口出しするようになった。そのようなこともあり、傍輩《ほうばい》（仲間、同僚）の讒言《ざんげん》があったので、幕府は為兼の職を解き蟄居《ちっきょ》を命じた。これにより為兼は失脚した。その後、重ねて讒言があり、為兼が陰謀を企んでいたことが発覚したので、ついに幕府は佐渡への配流を命じたのである。こうして為兼は、永仁六年三月十六日に佐渡へ流されたのだ（『興福寺年代記』など）。

為兼が失脚した理由については、これまで諸説あった。讒言による陰謀説をはじめ、政道口《く》入《にゅう》説、政道口入と両統迭立《てつりつ》問題（大覚寺統と持明院統が交代で天皇位を継承すること）が関連した失脚説、そして討幕陰謀説などがある。永仁元年から五年間にわたって争われた、永仁の南都騒乱（興福寺院家の大乗院と一乗院との抗争）に為兼が関与したことが原因であるとの説もあったが、今では否定されている。

為兼が失脚した原因は、天皇の寵《ちょう》を得たことにより、政治に介入したことにあったのは間違いない。これによりほかの廷臣からの反発を招き、讒言されたのであろう。傍輩とは西園寺実兼との説もあるが、同程度の身分の廷臣と考えるのが自然なようだ。為兼が佐渡に流罪となった前後、実兼とは険悪な関係にはなかった。

五年間の佐渡生活

為兼は佐渡へ流罪となったが、その生活なりを詳しく記した史料は乏しく、十九世紀に成立した『佐渡志』といった後世の編纂物に記されているに過ぎない。そうした限界はあるが、以下、その足跡をたどることにしよう。

京都から佐渡へは、どういうルートをたどったのか。『佐渡志』に示されたルートによると、京都を出発した為兼は近江国に入り、陸路あるいは琵琶湖の湖上ルートを利用し東進した。そして、北陸街道により越前国を経て、そのまま越後国を目指したと考えられる。

『玉葉集』には、為兼が佐渡国へ行く途中、越後国寺泊（新潟県長岡市）に立ち寄ったとの詞書《ことばがき》がある。寺泊は、佐渡への流人が出発する港であった。為兼は流人の例にならって、寺泊から佐渡の赤泊《あかどまり》に向かったと考えられる。ちなみに『玉葉集』に載せる歌は、遊女初若《はつわか》の作品である。港町には遊女がいたので、為兼はひと時の安らぎを得ていたのだろう。

赤泊に到着した為兼は、どこを配所としたのだろうか。その点については当時の史料がなく、後世の編纂物により次の二説が提示されている。

①『佐渡風土記』――赤泊の禅長寺
②『金島書《きんとうしょ》』――八幡宮《はちまんぐう》（佐渡市佐和田町）

現在では、②が有力視されている。『金島書』は永享八年（一四三六）に成立し、佐渡に流された世阿弥の手になるものである。

為兼の佐渡における生活についても、自身が詠んだ和歌により推測するよりほかはない。とにかく連日のように和歌を詠んだことは疑いなく、数多くの作品を残している。その間、為兼は中央歌壇での活躍の場を失い、失意の日々を送ったのではないだろうか。為兼が許されて京都に帰還するのは、乾元二年（一三〇三）閏《うるう》四月のことである。流人としての生活は、約五年にわたったのである。

†為兼の専横ぶり

乾元二年閏四月、京都に帰還した為兼は、もとのごとく伏見上皇に仕えた。再び和歌師範としての地位を回復すると、伏見、後伏見両院に古今伝授を授けるなどした。これにより、歌壇における京極派の地位は徐々に回復する。

しかし、為兼の政治的な志向は断ち難かったようだ。為兼は持明院統と大覚寺統とが皇位継承で緊張感が高まるなか、持明院統に与して暗躍し、奈良での蟄居を命じられた。徳治二年（一三〇七）二月のことである。

歌壇の世界においても、為兼は二条為世との争いごとが生じた。為兼が仕えた伏見院は、勅撰集の撰集に着手した。勅撰集の選者の地位をめぐって、為兼は為世と争ったのである。二人にとって撰者になるのか否かは、その後の歌人としての立場を揺るがす重大事だった。延慶二、三年（一三〇九、一〇）頃のことなので、「延慶両卿の訴陳」と称される。

三度にわたって訴陳が行われた結果、最終的に為兼が勅撰集の選者となることが決まった。決定が応長元年（一三一一）のことなので、二年にわたって争ったことになる。こうして正和元年（一三一二）に成立したのが、十四番目の勅撰集『玉葉集』である。収録した和歌数は約二千八百首もあり、勅撰和歌集のなかでもっとも多い。

翌正和二年、伏見院が出家すると（伏見法皇）、為兼も同時期に出家した。はじめ蓮覚と号し、のちに静覚《じょうかく》と改めた。後伏見上皇は西園寺実兼・公衡《きんひら》を重用したが、それは伏見法皇の意に叶わなかった。やがて後伏見が政務を辞退すると、伏見は花園天皇の親政とし、自身が後見することとした。

一連の動きに関与したのが為兼であるといわれている。また、為兼は人事などにも介入したと指摘されている。為兼の専横ぶりに対して世上は快く思わず、やがて実兼により足元をすくわれることになった。

正和四年十二月、安東重綱が六波羅の軍勢数百人を従えて、毘沙門堂（京都市山科区）に邸宅を構える為兼を捕縛した。理由は定かではないが、やはり為兼の目に余る行動が問題視されたのだろう。謀反との説も取り沙汰されたようである。『花園院記』元弘二年三月二十四日条によると、為兼は実兼と敵対し、結局は実兼の讒言により捕縛されたと記す。

†土佐への配流

正和五年一月十二日、為兼は土佐へ流された。土佐へ流された理由は、為兼を捕縛した安東氏が土佐の守護代を務めていたからであった。これまでの罪人と同じく、為兼は安東氏の監視下に置かれたのである。ただ、為兼の居所などは判明しておらず、土佐の守護所付近ではないかと推定されている。

先に取り上げた『花園院記』の記事によると、為兼は花園に和歌や文書をたびたび送ったという。為兼が和歌を詠んでいたのは、佐渡の流罪時代と変わらなかったと考えられる。勅撰集の『風雅集』(貞和四年・一三四八年成立)には為兼の歌が五十二首採られており、なかには土佐配流時代のものが含まれている。

元弘元年(一三三一)頃、為兼は許されて和泉へ移ることになった。土佐での配流生活は、約十五年に及んだ。実は、為兼を許して帰京をという声もあったが、「讒臣」の抵抗により実現しなかった。それほど為兼に対する反発は大きかったのだ。それでも花園は、為兼を思う気持ちがあった。

翌年三月二十一日、為兼は河内《かわち》国で亡くなった。享年七十九。為兼は二度も流罪に処せられたが、最後は異郷の地で果てたのである。墓所なども明らかではない。最期は、あまりにも寂しかったといえよう。

†鎌倉期の流罪の性格

主に本章では、天皇、宗教者、公家などの流人の例を挙げてきた。ここまでも述べたとおり、流罪とは死罪に次ぐ大罪であった。むろん死罪はまったくなかったとはいわないが、影響力のある人物を処分する場合は、一般的に流罪が最高刑であったようだ。

それゆえ、承久の乱で流罪に処せられた後鳥羽らは、ついに帰京という念願を果たすことなく、異郷の地で果てることになった。無念の思いであったに違いない。幕府が帰京を認めなかったというのは、二つの理由が考えられる。

一つ目は、天皇の絶大な影響力の大きさである。天皇は自ら武力を持っていなかったが、討幕勢力の拠点となる可能性は十分にあった。つまり、再び承久の乱のような事件が起こらないとは、決して言えなかったのである。まず天皇の帰京が許されなかった理由は、この点に尽きるといえるだろう。

二つ目は関連することであるが、見せしめ的な要素ということになろう。天皇の生殺与奪の権を握っているのは幕府であり、残った関係者にそのことを強く意識させることにより、政治的なイニシアティブを握ろうとしたと考えられる。以後も朝幕関係は継続するが、幕府が協調しつつも優位に立ったのは間違いない。

では、宗教者や公家はどうだったのだろうか。宗教者も天皇と同じく武力を持たなかったが、人々を魅了する言説があった。これが幕府の体制に有利に作用すればよかったが、そうでなければ弾圧せざるを得なかった。しかし、流罪とは完全な禁獄刑ではなく、ある程度の自由があったので皮肉な結果をもたらした。信者から彼らに差し入れがあったのは、すでに述べたとおりである。むしろ、宗教者は支援者のおかげで、自らの宗教的信念を貫けたのである。とはいえ、彼ら宗教者を一生流刑地に止めおく必要はなかった。基本的に反幕府運動ではないがゆえに、ほとぼりが冷めた頃には許すということになったのであろう。

公家も天皇や宗教者と同じく武力を持たなかった。為兼の場合は天皇に仕え、その寵により専横を振るった。あまりに目に余ったので流罪となったが、一度目は帰京を果たした。しかし、さすがに二度目になると、帰京は叶わなかった。為兼の場合は高齢でもあり、許しても差し支えないように思われたが、周囲の意見に従い許可されなかった。為兼の専横ぶりは目に余ったので、周囲の理解を得られなかったのかもしれない。

このように見ると、天皇の流罪は別格だった。そのほかの流罪については、おおむねほとぼりが冷めた頃に帰京を許すというのが通例だったようだ。

第三章

南北朝・室町時代——実質的な死刑あるいはパフォーマンス

†『建武式目』の制定

元弘三年（一三三三）、後醍醐天皇は鎌倉幕府の討幕に成功し、建武政権の樹立に成功した。しかし、建武政権は延元元年（一三三六）に崩壊し、足利尊氏によって同年に室町幕府が設立された。室町幕府は、基本法として『建武式目』を制定している。では、『建武式目』とはどのような法なのだろうか。

『建武式目』が制定されたのは、延元元年十一月七日のことである。大きな特色としては、足利尊氏の諮問に対して、明法家《みようぼう》の中原是円《なかはらぜえん》、真恵《しんえ》兄弟らが回答した上申書というスタイルを採用したことである。法文は全部で十七ヵ条から成っており、それは聖徳太子の『十七条憲法』を意識したものではないかと考えられている。

『建武式目』の条文は『御成敗式目』と比較して三分の一しかないことから、法というよりも施政方針の宣言というべき性格を持っている。したがって、実際の基本法は旧来の『御成敗式目』を範としつつ、鎌倉幕府のように随時「追加法」を制定し、対応したというのが実情である。以下、「追加法」に見られる流罪について確認しよう。

†「追加法」と流罪

貞和二年（一三四六）十二月十三日の追加法には、他人の所領に乱入し押領《おうりよう》した場合の罪状が規定されている。押領した者は与力人（協力者）も含め、所領の三分の一が収公《しゆうこう》されるという決まりとなっていた。鎌倉時代ではすべての所領が対象となっていたので、やや基準が緩くなっている。財産がなければ、流罪が適用されるのは鎌倉時代と同じである。

ところが、時代の進行とともに、武士による寺社本所領の押領が活発になる。観応二年（一三五一）以降、幕府は寺社本所領の押領を禁止し、同時に押領者の所領の収公も決めている。ただ、収公されるのは半分であったり三分の一であったり、さまざまである。いずれにしても、室町幕府は寺社本所領安堵を原則としていたので、徹底して武士による寺社領の押領を取り締まったようだ。

長禄四年（一四六〇）九月の追加法には、闕所《けっしょ》（敗戦・謀反・犯罪などによって没収された所領）についての定めがある。通常、闕所地は証人の報告により、恩賞として同人（報告した証人）に与えられることになっていた。報告とは、闕所地を所有する者の犯罪行為などを証人が報告することである。

しかし、本主（もともとの闕所地の所有者）が、犯罪行為がなかったと申告し、調査のうえ無実が認められた場合は、闕所地とされた所領を本主に返還し、証人は財産を没収された。もし、財産がなかった場合は遠流に処せられた。また、本主の罪状が露見しながらも、あえて無罪を証明すべく再審を求めたり、権家《けんか》（権勢のある家）を頼って訴訟におよんだときは、本主を流刑に処するとある。

いずれにしても、虚偽の申告は重罪とされたようだ。

また、長享二年（一四八八）五月の追加法によると、裁判時において第三者が口入《くにゅう》（口出しすること）することを禁止している。口入により、裁判が混乱するからであろう。この場合も違反した者は、所領を召し上げるか、財産がない場合は流刑に処せられた。やはり、円滑な裁判を進めるため、設けられた規定である。

以上、流罪の例を確認したが、いずれも財産没収をまず挙げながら、それが叶わない場合の流罪を規定しており、室町幕府が鎌倉幕府の方針を受け継いだ様子をうかがえる。

†後醍醐天皇、二度の謀反

流罪といえば、後醍醐天皇を抜きにしては語れない。後醍醐自身だけではなく、配下の者をも巻き込んだ形で、多くの人々が流罪に処せられた。

正応元年（一二八八）十一月二日、後醍醐は後宇多天皇の第二皇子として誕生した。当時、皇統は大覚寺統と持明院統の二つに分かれ、交代で皇位を継承していた（両統迭立）。後醍醐が即位したのは、文保二年（一三一八）のことである。後醍醐が目指したのは、宋学に基づく天皇親政という独裁体制だった。それゆえ、打倒鎌倉幕府という考えに行きつくのは、もはや必然の成り行きであった。

正中元年（元亨四・一三二四）、後醍醐は日野資朝《すけとも》、日野俊基《としもと》、土岐《とき》頼兼《よりかね》らと打倒鎌倉幕府の謀議を交わしていたが、その計画が鎌倉幕府に露見した（正中の変）。同年九月、六波羅探題は資朝、俊基を捕縛し、頼兼らを殺害したのである。資朝、俊基は鎌倉に護送され取り調べを受けたが、結局、幕府は事件を深く追求することなく終結した。俊基は許されて京都に帰ったが、資朝は罪をかぶったため翌正中二年に佐渡国に流された。

佐渡国に流されて以降の資朝の生活については、あまりわかっていない。しかし、元弘元年

（一三三一）に再び後醍醐の謀反が露見すると（元弘の乱）、幕府では得宗・北条高時を中心に評定が行われた（以下『太平記』）。席上、評定衆の長崎高資《たかすけ》は後醍醐と護良《もりよし》親王を遠国に流し、日野俊基と日野資朝を殺害すべきであると主張した。元弘の乱の詳細はのちほど触れるが、ここでは先取りして資朝がどうなったのか確認しよう。

結局、幕府は佐渡の守護である本間山城入道に対して、資朝を殺すように命じた。この噂はたちまち日野家にも届き、資朝の子息の阿新《くまわか》は父の最期を見届けるべく佐渡にわたる決意をした。当時、阿新はまだ十三歳の少年だったという。佐渡についた阿新は、初めての土地で勝手がわからず、思い切って本間氏の屋敷を訪ねた。哀れに思った本間氏は阿新を迎え入れたが、資朝に心残りがあってはならないこと、また幕府に知れるとまずいと思い、あえて二人を会わせなかった。

同年五月二十九日の夜、本間氏は幕府の命令どおりに資朝を殺害した。それを知った阿新は、人目を憚らず泣き叫んだという。阿新は資朝の遺骨を先に京都へ召使に持たせ、自身は父の恨みを晴らすべく佐渡に残った。そして、本間山城入道の甥といわれる三郎を刺し殺し、山伏の手を借りて追手からの追及を逃れ、ついに佐渡から脱出を果たした。この阿新こそが、のちに南朝に仕えた日野邦光である。

幕府からすれば一度目の謀議は許したものの、さすがに二度目（元弘の乱）は許せなかったようである。罪に問われなかった後醍醐は隠岐への配流が決定し、すでに佐渡に流されていた資朝は処刑ということになろう。俊基も鎌倉で殺害された。資朝と俊基は元弘の乱とは関係なかったが、見せしめ的な要素が強かったと考えられる。

†朝廷の責任回避

改めて元弘の乱について触れ、後醍醐の流罪を取り上げることにしよう。元弘元年（一三三一）四月、後醍醐の側近である吉田定房《さだふさ》は、六波羅探題に対して、日野俊基を中心として討幕計画があることを密告した。後醍醐は六波羅の追及の逃れるため御所を脱出し、山城国笠置山《かさぎやま》（京都府笠置町）で討幕の兵を挙げた。これには、楠木正成《くすのきまさしげ》らが呼応した。

しかし、最終的に後醍醐は幕府に捕らえられ、天皇位は持明院統の光厳《こうごん》天皇が引き継いだ。後醍醐の計画は失敗したのだ。後醍醐方の日野資朝、俊基が殺害されたことは先述したが、後醍醐自身はどういう扱いを受けたのであろうか。

『太平記』によると、幕府内部では侃々諤々《かんかんがくがく》の議論が行われたと記されている。先述のとおり、長崎高資は後醍醐と護良親王を遠国に流すことを提案した。ところが、御家人の二階堂道蘊《どううん》は、次のように述べて反対した。

《武家が政権を取ってから百六十年。代々富み栄えて、その威光が天下に行き渡っているのは、ひとえに天皇を仰ぎ奉って忠義をつくし、百姓を労《ねぎら》う仁政を行い、心に少しの私がなかったからだ。しかるに天皇を遠国へ遷《うつ》し奉り、大塔宮を流罪にしようとする。そのようなことは神の怒りを買うだけでなく、比叡山の僧侶たちを怒らせるに違いない。神が怒り人が背けば、武家の運命はそこで尽きるであろう。君々たらずとも臣々たらざるべからずということがある。たとえ天皇が御謀反を思い立っても、武家の威光が盛んであれば、天皇の味方をする者はあるまい。もし武家がますます慎んで勅命に従ったならば、天皇も御心を翻すことはないだろう。こうしてはじめて国家は泰平となり、武家もまた長く繁栄すると思う。》

右の道蘊の意見によると、今こうして幕府があるのは、天皇の存在があるからだという。幕府がしっかりと政治を行っていれば、天皇の謀反を防ぐことができると述べ、ここで後醍醐を流罪にしたならば神だけでなく人心も離れると忠告した。一御家人の意見ではあるが、さすがに天皇を流罪にすることには躊躇するところがあったようだ。しかし、道蘊の意見は受け入れられず、最終的に流罪が確定した。

実際、幕府のほうでは、承久の乱の例にならって、後醍醐と尊良親王、宗良親王の三人を流罪とすることを決めていた。ただ、普通の罪人を処分するのと違い、事の重大さは明らかであった。元弘元年十一月十日、北条高時は光厳に密書を送り、あらかじめ三人の流罪について花園上皇の意向を聞くようにしていた。

その二週間後、幕府は使者を上洛させ、西園寺公宗《きんむね》を通して、花園の意向を確認した。そのときの回答は、幕府の決定に従うという内容のもので、花園が後醍醐の処分を委ねたということになろう。事の重大さは朝廷にとっても同じであり、幕府に処分を任せることにより、責任を回避したと考えることもできる。

同年十二月二十七日、関東事書が光厳天皇に奏聞《そうもん》され、後醍醐は隠岐、尊良親王は土佐、宗良親王は讃岐にそれぞれ流されることになった（『花園天皇宸《しん》記』）。配流先を見れば明らかなとおり、隠岐、土佐、讃岐はかつて天皇が流された実績のある国ばかりである。こうした点も、先例に従ったということになろう。

ところで、配流先が決定した際、あわせて後醍醐には出家が勧められた。しかし、後醍醐はこれを断固として拒否した。『太平記』には、興味深いエピソードが記されている。幕府は後醍醐が流罪に際して出家すると考え、香染《こうぞめ》の衣を進呈した。ところが、後醍醐は出家しないと明言し、天皇の日中行事の朝の行水と神宮の御拝を行い、天子の礼服を脱ぐことはなかった。後醍醐は天皇であり続けようとし、退位の意思はまったくなかったのだ。

†後醍醐、隠岐へ

元弘二年（一三三二）三月七日、後醍醐はいよいよ隠岐に向かって出発した。お供に付き従ったのは、世尊寺行房《せそんじゆきふさ》、千種忠顕《ちぐさただあき》、阿野廉子《あのれんし》ほか二人の女性だけであった。路次の警護には、千葉貞胤《さだたね》、佐々木導誉《どうよ》らが五百余騎を率いて担当した。道筋では、多くの老若男女が後醍醐の出京を見送ったと伝わる。幕府が設定した路程は、十四日であった。以下、その路程を確認しておこう。

同年三月八日、後醍醐は昆陽宿《こや》（兵庫県伊丹市）に到着し、続けて武庫川《むこ》（同尼崎市）、神崎（大阪市淀川区）、難波《なにわ》（同中央区）、住吉（同住吉区）を経て、広田神社（兵庫県西宮市）へ至った。その後、芦屋《あしや》（兵庫県芦屋市）、生田《いくた》の森（神戸市中央区）、湊川《みなとがわ》宿、福原、和田岬（以上、神戸市兵庫区）、苅藻《かるも》川（神戸市長田区）、須磨関（神戸市須磨区）、塩屋、垂水《たるみ》（以上、神戸市垂水区）、大蔵谷《おおくらだに》（兵庫県明石市）を経て、三月十二日に加古川に到着した（兵庫県加古川市）。

三月十七日に杉坂峠（播磨と美作の国境）を越えて美作に入国したが、病を得て二、三日逗《とう》留《りゅう》した。同月二十一日に雲清寺（清眼寺か）、佐良山《さらやま》（以上、岡山県津山市）、中山（岡山県新庄村）を経て伯耆国に入り、三月末頃に安来《やすぎ》（島根県安来市）に到着した。この間の美作院庄（津山市）において、児島高徳《たかのり》が後醍醐を助け出す旨を桜の木に漢詩で刻み、のちに実現した逸話は有名な話である。

後醍醐は安来から船に乗って、美保関（島根県松江市）に至り仏堂で一泊。美保関から隠岐までは、同国守護の佐々木清高が警護したという。こうして後醍醐が隠岐に到着したのは、四月一日もしくは二日であるという。

†後醍醐の執念

後醍醐の行在所は、二つの場所が比定されている。一つは西ノ島町にある黒木御所跡である、もう一つは、隠岐ノ島町にある隠岐の国分寺である。ともに有力候補であるが、決め手となる根拠はない。

後醍醐の隠岐での生活は、約十一カ月に及んだ。その大半は真言密教の秘法により、皇位の回復と朝敵の滅亡を願う日々であったという。後醍醐は僧・文観《もんかん》の影響を受け、真言密教の立川《たちかわ》流に傾倒していた。元弘二年八月、出雲鰐淵寺《いずもがくえんじ》（島根県出雲市）の頼源《らいげん》が後醍醐の行在所を訪ねた。その際、後醍醐は願文《がんもん》を書き、同寺への奉納を依頼した。そこには、「心中の所願を早く成就してほしい」と書かれている。

むろん「心中の所願」とは、皇位の回復と朝敵（＝鎌倉幕府）の滅亡ということになろう。ところで、この願文の日付は元弘二年八月十九日になっているが、元弘二年は四月二十八日に正慶に改元されていた。いかに遠い隠岐の地であるとはいえ、後醍醐が知らなかったとは考えにくい。これは、後醍醐が新年号を定めた現天皇を認めないという、強い態度のあらわれであると理解されている。

後醍醐の執念は、夢になってあらわれたという。元弘三年（正慶二年・一三三三年）閏二月以降、後醍醐は真言密教の秘法を昼夜を問わず続け、夢うつつのなかを彷徨《さまよ》ったことがあった。このとき、夢のなかに父の後宇多院があらわれ、いろいろと教えを授かったという。それほど後醍醐の執念は凄まじいものがあった（『梅松論』）。

†隠岐からの脱出

後醍醐が隠岐に流されている頃、すでに世上では鎌倉幕府から心が離れて行く者が多くなっていた。得宗の高時は闘犬に熱中し、政治を放擲するありさまだったという。元弘三年に楠木正成《まさしげ》や赤松円心《えんしん》が挙兵するなど、討幕の動きは徐々に各地に広がりつつあった。

しかし、隠岐は絶海の孤島であり、協力者の存在無くしては、後醍醐の脱出は到底不可能であったといえる。『梅松論』によると、出雲守護・塩冶《えんや》高貞《たかさだ》の一族である富士名《ふじな》義綱《よしつな》が協力を名乗り出たという。かつて義綱は御所で後醍醐の警護を担当したことがあり、改めて後醍醐の討幕の意思を知って、協力を申し出たといわれている。土地勘があるだけに、後醍醐にとってありがたい申し出であった。

元弘三年閏二月二十四日の早朝、まだ夜も明けぬうちに後醍醐の一行は、千波港から密かに出港した。同行したのは、後醍醐の股肱《ここう》の臣《しん》・千種忠顕であった。濃霧のなかという危険な状況であったが、やがて海上の風向きが良くなり、その日の午後四時頃には出雲の三尾浦《みおうら》（野波浦《のなみうら》。島根県松江市）に着いた。その後、後醍醐は伯耆国名和荘《なわしよう》（鳥取県大山町）に移ったが、その場所は稲津浦（『関城書裏書』）、野津郷（『梅松論』）、名和湊（『太平記』）などの諸説がある。

脱出した後醍醐を支えたのが、在地の土豪の名和長年《ながとし》である。同年閏二月二十六日、後醍醐は賀茂社（鳥取県大山町）に参詣した。そして、標高六八七メートルの船上山《せんじようさん》（鳥取県琴浦町）を行在所とし、各地に打倒鎌倉幕府の檄《げき》を飛ばした。後醍醐に応じた勢力は各地で挙兵し、同年五月に鎌倉幕府を滅亡に追い込んだのである。

おそらく各地における反幕府勢力の活発な活動がなければ、後醍醐はこれまで流罪になった天皇らと同じく、生涯を流刑地である隠岐で過ごした可能性が高い。しかし、反幕府勢力の助力を得て脱出に成功し、鎌倉幕府を滅亡に追い込み建武政権を樹立した。逆にいえば、天皇単独の力だけでは、脱出が不可能であったことを示している。

†西園寺公宗の謀反

建武政権は樹立したものの、必ずしも運営はうまくいかなかったといえる。樹立からわずか三年後の建武三年（一三三六）には瓦解した。後醍醐自身が「朕《ちん》ノ新儀ハ、未来ノ先例タルヘシ（私が行う新しいことは、未来の先例になるだろう）」と自負した専制的な政治は、結果的に広く受け入れられなかったのである。後醍醐を受け入れなかった一人に、西園寺公宗なる公家がいる。

公宗は、実衡《さねひら》の子として延慶二年（一三〇九）に誕生した。嘉暦元年（一三二六）十一月に父が亡くなると、あとを継ぎ関東申次《もうしつぎ》の職も引き継いだ。しかし、この頃は後醍醐と鎌倉幕府との関係が悪化しており、公宗が関東申次の職務を全うするのは困難な状況に陥っていた。とりわけ公宗は持明院統の後伏見上皇と良好な関係を築いており、後醍醐との仲はあまりよくなかったようである。

元弘元年（一三三一）八月に後醍醐が笠置山に出奔すると、光厳天皇が天皇位を継いだ。公宗は光厳に仕えることになった。しかし、元弘三年五月に鎌倉幕府が滅亡し、建武政権が樹立すると、公宗は厳しい立場に追い込まれた。これまでの公宗の立場が災いしたといえる。では、公宗にはいかなる対抗手段に出たのだろうか。

建武二年（一三三五）六月二十二日、西園寺公宗は捕らえられた（『公卿補任』）。『建武二年六月記』によると、捕らえられたのは公宗と日野資名《すけな》、氏光《うじみつ》父子であった。資名は俊光の子息であり、資朝の兄であった。資名は光厳天皇の信任が厚い人物で、公宗と波長が合ったのだろう。捕らえられた理由は後醍醐に対する反逆であり、その詳しい経緯などは『太平記』に書かれている。

†北条氏との結託

『太平記』によると、公宗の謀反の経緯はおおむね以下のとおりになろう。

元弘三年（一三三三）に鎌倉幕府が滅亡した際、北条高時の弟である泰家《やすいえ》（時興《ときおき》）は、自害したふりをして生き残り、鎌倉を脱出して奥州に逃れたという。しかし、泰家は姿を見られたので、公宗を頼って上洛した。その理由は、承久の乱において、公宗の先祖・公経《きんつね》が朝廷の謀反を北条義時に報告し、それにより幕府が勝利を得たからであった。

公宗は北条氏の一族である泰家を擁立し、自ら天下を望もうとした。そして、詳細に計略をめぐらし、次のように挙兵計画を立てた。

①京都の大将――北条泰家
②関東（甲斐、信濃、武蔵、相模の勢力）の大将――北条時行《ときゆき》
③北国（越中《えっちゅう》、能登《のと》、加賀の勢力）の大将――北条時兼《ときかね》

こうして公宗は、北条氏の残党と手を組み謀反を企てたのだ。とにかく公宗は、建武政権に対して不満を抱いていたようである。

後醍醐が北山に臨幸《りんこう》を行う際、公宗は襲撃を企てた。臨幸の前日、後醍醐は夢のお告げで、臨幸を取りやめるよう夢のなかの女性に促された。後醍醐は怪しく思っている最中、公宗の

弟・公重《きんしげ》が兄の謀反を密告した。そこで、朝廷は結城親光《ゆうきちかみつ》らを北山邸に差し向け、公宗ら三人を捕らえたのである。これにより、公宗の野望は潰えた。

†出雲への流罪

同年六月二十六日、公宗らは国家を危うくする罪に問われ、流人宣下により流罪が決定した（『建武二年六月記』）。『太平記』によると、流される予定だったのは出雲国と書かれている。名和長年が公宗を護送する予定であった。公宗の流罪の決定後、西園寺家の家督は弟の公重に譲られた（『吉田文書』）。この時点で公宗は解官されたのである。

公宗が預けられたのは、中院定平の邸宅であった。出発を控え、公宗は妻と涙の別れをしたといわれている。その際、公宗は相伝の琵琶を妻に託し、京都を発ったのである。一方、公宗とともに謀反に加担した三善文衡《みよしあやひら》は、いったん結城親光に預けられ、三日間も昼夜にわたり拷問を受け、最後は六条河原で斬首された（『太平記』）。

ところが、実際に公宗は流刑地に赴くことはなかった。『公卿補任』や『園太暦《えんたいりゃく》』などによると、建武二年八月二日に公宗らは殺害されたとある。実は、公家に対しては、長らく死刑が適用されないという暗黙のルールがあった。平治元年（一一六〇）十二月に藤原信頼が戦闘に加担したとみなされ死罪になって以降、公家で処刑された者はいなかった。公宗の処刑は、それ以来のことであるという。

実は、公宗が処刑されたのには、変わった理由があった。いよいよ公宗が発とうとしたとき、定平は警護の名和長年に「早く」と促した。これを聞いた長年は「早く殺せ」と勘違いして、公宗の髪をつかんで引き倒し、腰刀で首を掻き落としたというのだ(『太平記』)。似たような理由は、『神皇正統記』にも書かれている。

公宗の殺害は一種のアクシデントとも言えるが、そうとは言えない側面もある。そもそも公宗が出雲に流罪になることは、長年も承知していたことである。定平の「早く」という言葉を殺害せよと勘違いしたというのは、いささか理解しづらい。むしろ建武政権の人気が落ちていく中で、実質的な最高刑の流罪ではまずいと政権側が考え、アクシデントに見せかけて殺害したというのが真相ではないだろうか。

先に記した公宗の謀反の計画が事実とするならば、鎌倉幕府再興を促す危険なものであった。それゆえ政権サイドでは、流罪では示しがつかないと考えた可能性が高い。

†室町幕府下の流罪

建武政権下における流罪について取り上げたが、室町幕府の側でも当然、流罪という処分を行っていた。たとえば、上杉重能《しげよし》・能憲《のりよし》の例がある。

上杉能憲は元弘三年に山内上杉家の憲顕《のりあき》の子として誕生し、のちに宅間上杉家の重能の養子となった。養父の重能は、室町幕府成立に貢献した人物である。足利尊氏・直義兄弟に仕えて、伊豆国守護、引付一番頭人《とうにん》を務める実力者であった。一時は、尊氏の執事として権勢を振るったほどである。

やがて重能は、もう一人の尊氏の側近・高師直《こうのもろなお》と対立するようになる。それは、直義と高師直・師泰《もろやす》兄弟との対立に伴うものであった。貞和五年（一三四九）、重能と畠山直宗《はたけやまただむね》は讒言によって、師直を執事職から解任させた。ところが、その直後に師直はクーデターを起こし、直義を失脚させることに成功する。これにより、重能の立場は悪くなった。

以上のような経過もあり、尊氏は重能を越前国に流すことに決定した。このとき、一緒に畠山直宗も越前に流されたのである（『園太暦』など）。『太平記』には、流罪の経緯が詳しく書かれている。

†越前に流された重能と直宗

越前に流罪が決定した重能と直宗は、所領を没収され、宿所も破却されたという。宿所が破却されたということは、もはや戻れないことを意味していた。二人は女房や幼い子供を連れて、琵琶湖を眺めながら近江を抜けて、越前に向かったという。慣れない旅路に、一行はなかなか苦労したようである。重能の配所は江守荘（福井市）であったが、その住まいは実に粗末なものだったと伝わる。

師直はのちの禍を断つために、越前守護代の八木光勝《やぎみつかつ》に二人を討つように命じた。しかし、光勝はかつて上杉氏の配下にあったこともあり、にわかに心変わりして師直の指示を聞かず、重能に討手が迫っていることを告げた。報告を聞いた重能は配所を去り、越中・越後の国境付近まで逃亡し、やがて加賀へと向かったのである。

ところが、二人に情報を流した光勝は、近辺の人々に「二人は流人として落ちていくことがあれば、皆討ち取れ」と指図していたので、江守、浅生水《あそうず》、八代荘、安居、波羅蜜の溢れ者どもが太鼓を鳴らし鐘を撞いて、「落人がいるぞ討ち止めよ」と騒ぎたてた。つまり、光勝は自らの手を汚さず、落人狩りによって二人を殺害しようと考えたようだ。落人を討った者には、恩賞が与えられることになっていた。

驚いた二人は足羽《あすわ》の渡（福井市）へ向かったが、川の橋は落とされ、足羽・藤島（福井市）の者たちが、川向こうに楯を一面に突き並べていた。もはや二人には、逃げるところはなくなっていた。ならば戻って、光勝を頼ろうと江守へ戻ろうとしたが、すでに浅生水の橋は外され、うしろにも敵が満ちていた。

すると、これまで付き従っていた若党の十三人は、主に自害を勧めるため、皆一度に切腹した。直宗も続いて腹を掻き切ると、その刀を引き抜いて重能の前に投げ、「腰刀は少し寸が長いようです、これで自害なさいませ」と言うと、うつ伏して倒れた。しかし、重能は女房の方を見ては泣くだけで、一向に切腹する気配はなかった。結局、重能は光勝に捕らえられ、刺殺されたのである。

師直のクーデターの勃発により、いわゆる観応の擾乱《じょうらん》がはじまり、貞和五年（一三四九）から観応三年（一三五二）まで幕府内で内紛が続いた。本来、流罪は事実上の最高刑であったが、師直は今後の状況を予想すると、それでは手緩いと考えた。まさしく「のちの禍を断つ」ためにも、二人を殺さねばならなかった。つまり、先の西園寺公宗の例と同じく、緊張した政治情勢下にあっては、流罪の効果は期待できないと考えたのだろう。

†佐々木導誉・秀綱父子の流罪

流罪になった武将のなかには、かなりの大物もいた。幕政に参画し、近江国守護などを務めた佐々木導誉・秀綱父子も流罪になった経験がある。

佐々木氏は宇多源氏の流れを引く名門で、鎌倉以来、近江国などの守護を務めてきた。導誉は室町幕府の成立にも寄与し、近江以外の守護職を兼帯するに至った。また、導誉は既成の権威を無視する「バサラ大名」としても名を馳せ、芸能に通じ風流を解する人物でもあった。この導誉が事件を起こすのである。

暦応三年十月六日の夜、佐々木導誉・秀綱父子は白河妙法院（京都市東山区）の御所に押し掛け放火すると、散々に狼藉を働いた。こともあろうか、累代の門跡が受け継いできた重宝なども奪い取ったという（『中院一品記』）。妙法院は天台三門跡（ほかは青蓮院、三千院）の一つであり、当時の門跡は光厳上皇の弟・亮性法親王《りょうしょうほっしんのう》が務めていたので、問題は大きくなった。なぜ、二人は放火に及んだのか。

同じ日の夕刻、秀綱は妙法院の坊官と喧嘩になったことがわかっている。つまり、放火や略奪といった狼藉は、その腹いせということになろう。『中院一品記』の記主の中院通冬《みちふゆ》は、「言語道断の悪行、すこぶる天魔の所為《しょい》か」と書き記しているほどだ。

怒り心頭の妙法院は山門（比叡山）の衆徒を動員して嗷訴《ごうそ》に及び、導誉・秀綱父子への厳しい処分を要求したのである。しかし、朝廷にはその権限がなく、すべては幕府に委ねられた。処分を要求された幕府は彼らの要求を受け入れず、導誉もまた平然として悪びれる様子はなかった。建久二年（一一九一）に導誉の先祖である佐々木定綱が高島神人を殺した際、定綱は薩摩へ流罪、その次男の定重は野洲河原で斬首された。まったく雲泥の差である。

やがて、山門は神輿を入洛させるなど、抗議行動を活発化させると、さすがの幕府も重い腰を上げざるを得なくなった。暦応三年十月二十六日、幕府は二人を流罪に処することに決定した。ただ、配流地が決定したのは十二月のことで、導誉を出羽（『太平記』では上総）に、秀綱を陸奥に流すことになったのである。ともに東北の遠隔地への流罪となった。この処分により、妙法院や山門も納得したに違いない。

とはいえ、導誉・秀綱父子の態度は不遜であり、幕府も形式的に処罰をしたようである。『太平記』によると、配流地に向かう導誉は多くの若党を従え、道中では酒宴を催したり、遊女とたわむれるなど、とても罪人には見えなかったという。特に猿の皮の靫《うつぼ》（矢を入れる背に負った細長い箱形の道具）と腰当は、山門を挑発する行為であった。山門にとって、猿は守護神としての性格を持っていたからである。

導誉の幕府における地位を考慮すると、簡単に処罰はできなかった。それゆえ幕府は態度を明確にしていなかったのであるが、度重なる妙法院の要求により、さすがに何らかの手を打たざるを得なくなった。実際、導誉が配流地に行ったのか疑問視されている。記録がないところを見ると、行っていない可能性が高い。ただ、導誉らの流罪が形式的であれ、処分をすることが重要だったのである。これにより、妙法院も山門も納得せざるを得なくなったのだ。

†足利義教の勘気に触れた人々

ここまで取り上げた人々は、少なからず謀反などに関与し、反逆者とみなされて流罪になった者ばかりである。ところが、ときの権力者の逆鱗に触れ、流罪になった者も存在する。その権力者とは、室町幕府の六代将軍・足利義教である。

義教は、応永元年（一三九四）に義満の五男として誕生した。しかし、家督を継ぐ目はなく、応永十年に青蓮院に入室し、やがて出家して義円と名乗った。その後、義円は准后宣下《じゆごう》を受け、さらに天台座主、大僧正になるなど「天台開闢《かいびやく》以来の逸材」と高い評価を受け、僧侶として大いに将来を期待された。

やがて、将軍家の後継者問題が大きくクローズアップされる。四代将軍・義持は、子息の義量《よしかず》に職を譲ろうと考えていた。しかし、義量は体が弱く、応永三十二年に十九歳という若さで病没した。肝心の義持も病を得て、応永三十五年に亡くなった。義持は後継者を指名せずに亡くなったので、幕府は少なからず混乱する。

結局、義持の弟のなかから将軍を選ぶことに決定し、石清水八幡宮《いわしみずはちまんぐう》（京都市八幡市）でくじにより決した。これは決していい加減に決めているのではなく、将軍の決定を神慮に委ねるということで、神聖な儀式であったといえる。そして、義持の後継の将軍に選ばれたのが、義円つまり義教なのである（以下、義教で統一）。

義教は将軍権力の専制化を進めるなど、政治には熱心であったが、非常に猜疑心《さいぎしん》の強い人物だった。公家や武家を問わず、多くの人々が義教の逆鱗に触れ、追放あるいは殺害されることもあった。比叡山延暦寺との抗争、あるいは関東管領・足利持氏を討った永享の乱は一例にすぎず、反抗的だった一色義貫《よしつら》や土岐持頼なども殺害された。ほかには義教から嫌疑を掛けられ、流罪の憂き目に遭う者もいた。公家の高倉永藤《ながふじ》も、その一人である。

†高倉永藤の流罪

永藤は、至徳二年(一三八五)に誕生した。高倉氏の公家としての家格は「半家」であり、さほど高くはない。最終的に、永藤は正三位・参議まで昇進した。応永三十四年に比叡山延暦寺の訴えにより、永藤は流罪になったことがある(流された先は不明)。その翌年、永藤は出家しているが、その理由は流罪が少なからず影響していると思われる。

一度流罪を経験した永藤であったが、二度目の悲劇が永享六年(一四三四)六月に訪れた。次は、硫黄島(鹿児島県)に流されるという信じ難いことであった。以下、『看聞《かんもん》日記』『満済《まんさい》准后《じゆごう》日記』により、経緯を確認しておこう。

永享六年六月十三日、永藤が幕府に捕らえられ、流罪になったとの情報が伝わった。この時点で罪状は不明であり、人々は大いに驚いたという(『看聞日記』)。『満済准后日記』の記主である満済は幕府に近かったため、事件に関する詳しい情報を得ている。次に、その経緯を記しておこう。

同年六月八日、義教の側室・日野重子の兄・義資《よしすけ》が何者かによって殺害された。犯人は捕まらなかったが、永藤は義教の差配により殺害されたと噂した。義教は、この話を聞いて激怒した。そこで、幕府は両使として赤松満政らを永藤のもとに遣わし、捕縛したというのである。つまり、永藤が捕まったのは、妙な噂を流したからだった。

『看聞日記』によると、最初、永藤は死罪を申し付けられていたという。しかし、赤松満政の嘆願により、硫黄島への遠流に減刑された。結果、永藤の子息・永豊は相伝の所領十一ヵ所を取り上げられ、それらは三条公冬《きんふゆ》に与えられた。そして、永藤の身柄は大内氏配下の安富氏に預けられ、周防・長門へと移された。その後、硫黄島に流されたようだ。その二年後、永藤は配流先の硫黄島で亡くなったのである。

永藤の流罪は、ひとえに義教の性格に拠るところが大きく、不幸な出来事であったと言わざるを得ない。たしかに噂を流されたことは気に入らなかったかもしれないが、見せしめとしてはあまりに過大な処罰であった。これまでの流罪は政治犯であったり、何らかの反逆行為を起こしたものが対象だったので、永藤の例はレア・ケースと言えるだろう。

†世阿弥の流罪

能の大成者として知られる世阿弥《ぜあみ》も、義教の勘気を蒙って佐渡に流された。世阿弥は貞治二年（一三六三）頃、観世座《かんぜざ》の創始者・観阿弥《かんあみ》の長男として誕生した。幼い頃は、藤若《ふじわか》、鬼夜叉《おにやしゃ》と称されており、実名は元清《もときよ》という。世阿弥は、特に三代将軍・足利義満の寵愛を受け、猿楽《さるがく》に加えて連歌や蹴鞠《けまり》にも秀でていた。著書には『風姿花伝《ふうしかでん》』などがある。

至徳元年（一三八四）に父の観阿弥が亡くなると、世阿弥は観世流能楽のトップである観世大夫を引き継ぐ。やがて、庇護を受けていた義満の心は別の能楽者に傾いていくが、義満の没後は後継者の義持に重用された。応永二十九年（一四二二）、世阿弥は出家し至翁善芳《しおうぜんぽう》と名乗り、子息の元雅《もとまさ》に観世大夫の座を譲った。

しかし、応永三十五年に義教が将軍の座に就くと、世阿弥の甥の三郎元重（音阿弥《おんあみ》）を寵愛するようになった。たとえば、永享元年（一四二九）に後小松院の要請で催す予定だった仙洞《せんとう》御所での演能は、義教によって中止に追い込まれた。翌年、義教によって、世阿弥の清滝宮楽《せいりゅうぐうがく》頭《かしら》職を元重に与えるよう、醍醐寺に圧力がかけられた。つまり、義教は元重を重用し、同時に世阿弥を排除しようとしていたのだ。

それに伴い、世阿弥らの一派は窮地に追い込まれた。やがて長男の元雅は伊勢で客死し、次男の元能は芸そのものを捨てて出家した。世阿弥の後継者は、すっかり絶えてしまったのだ。こうして永享五年、観世大夫の地位は、元重（音阿弥）が継承したのである。

†世阿弥の失脚

元重（音阿弥）が観世大夫に就任し、義教以下の公家・武家から支持されると、世阿弥の立場は弱くなった。

すると、翌永享六年五月、世阿弥は義教の命により、突如として佐渡に配流となった。実のところ、流罪になった理由はよくわかっていない。かねてより義教は世阿弥に良い感情を抱いていなかったが、元重（音阿弥）を重用することにより、存在すら疎ましくなったのであろう。この頃、世阿弥はもう七十歳を越えていた。

佐渡時代の世阿弥の動静については、自身の手になる小謡曲舞集『金島書』にしか書かれていないが、その沈んだ心をうかがうことができる。しかし、能に対する情熱は衰えず、金春《こんぱる》大夫の鬼能（鬼の仮面をつけた演能）に関する質問に答えるなどしている。和歌に長じた天皇や公家たちは、流罪先で和歌に打ち込んだが、まさしく同じことであった。

佐渡に入るとなった世阿弥は、まず多田に上陸した。その後、長谷寺から万福寺に移り、さらに正法寺に住まいを変えた。『金島書』の奥書によると、世阿弥は永享八年まで佐渡にいたことが分かっている。その間、世阿弥の周囲には支援者がいたと考えられ、細々とでも生活を送っていたのだろう。嘉吉元年（一四四一）、義教は赤松満祐《みつすけ》に討たれたが（嘉吉の乱）、世阿弥が許されて帰京したのか否かは判然としない。

以上のように世阿弥の例を見ると、流罪となった理由は義教の個人的な好悪によって実行された可能性が高い。しかも、世阿弥は反逆者でなかったにもかかわらず、義教の生きている間に許された形跡はない。つまり、高倉永藤の例と同じく、義教が決めた流罪というのは、気に入らない人物を懲らしめる手段に転じたといえよう。

†赤松性準、範顕と興福寺

寺社からの突き上げによって、武将が流罪になった例を見ておこう。流罪に処せられたのは、赤松性準《せいじゅん》、範顕《のりあき》の二人である。

二人はともに播磨の守護を務めた赤松氏の一族ではあるが、系図に名前があらわれない。うち、赤松範顕は摂津国守護代を務めていたことが知られ、一説によると赤松範資《のりすけ》の次男であるといわれている（『今西文書』）。性準は肥前入道と称されており、赤松氏の庶流には肥前守を官途とする一族があるので、その流れを汲むと考えられる。

応安六年（一三七三）一月、興福寺からの申し出により、摂津国守護代の赤松範顕が犯した罪科について、武家の沙汰が滞っていることが発覚した（『愚管記《ぐかんき》』）。もし、きちんと対処しないようならば、大礼を実施しないと記されている。大礼とは、即位式などの国家や朝廷の重要な儀式のことである。

同年八月十六日、夜に勅書が下され、赤松性準、範顕の裁許については、昨年すでに決定していたとある（『愚管記』）。しかし、これに興福寺の面々は、承服しなかったようである。二人が犯した罪科は特に書かれていないが、武家のみならず朝廷を巻き込んでいるので、よほど悪いことをしたのであろう。二人の罪は、別の史料で明らかになる。

『寺訴引付日記』という史料により、二人が働いた悪事が判明する。二人は摂津国において、興福寺の寺社領で押妨を働き、そのうえ神人の刃傷・殺害に及んだのである。興福寺はこの件について措置を求めたが、一向に問題解決に至らなかったようである。先例からすれば、二人の働いた罪は相当重いものである。

同年十一月十三日の夜、流人宣下が発布され、赤松性準は下野（実際は上総）、範顕は越後に流されることが決定した（『愚管記』）。これにより、興福寺は神木を入洛させると息巻いていたが、ことを納めることになった（『後愚昧記』）。処分さえ決まれば、それ以上ことを荒立てる必要はなかった。

こうして翌応安七年五月二十七日、二人はそれぞれ越後、上総へ流されたのである（『春日神木入洛見聞略記』）。二人の流罪が実行されるまで、罪を犯してから約二年ほどの期間を要したことになろう。興福寺が怒るのも無理からぬところである。幕府は二人の処分について、のらりくらりとかわしていたことになる。

興福寺が二人に対して、いかなる処罰を望んだかは不明である。ただ、神木を擁して入洛を計画していたので、厳罰を望んだのはたしかであろう。幕府としては時間稼ぎをしていたようだが、ついにその手も通用しなかったのである。

†菅家七党は菅原道真の末裔か

南北朝期以降に勃興した地方の氏族のなかには、中央の名門公家の末裔と称するものが少なくない。ここでは「菅家七党《かんけしちとう》」と新免《しんめん》家の例を取り上げることにしよう。

美作国には、菅原道真の後裔と称する「菅家七党」なるものが存在した。昌泰四年（九〇一）、当時、右大臣を務めていた菅原道真は、左大臣の藤原時平《ときひら》の讒言により大宰府に流された。ただ、菅原氏の子孫は健在であった。おおむね正暦年間（九九〇〜九九五）の間、道真の曽孫・資忠の次男・良正が出家して、美作国勝田郡香爐《こうろ》寺（岡山県奈義町）に下向したという伝承がある。

承暦二年（一〇七八）、良正の子孫である知頼《ともより》が美作守として赴任し、そのまま美作国勝田郡で亡くなった。知頼の子息・真兼《まかね》は押領使となり美作に土着し、菅家七党の祖になったと伝わる。以後、菅原氏の子孫は婚姻関係を結ぶことにより、菅家七党の祖となった。ほかにも説はあるが、菅原道真を菅家七党の祖とした点ではほぼ一致している。

菅家七党は有本（元）、広戸、福光、植月《うえつき》、原田、鷹取、江見の各氏を中心とし、その庶流はさらに広がりを持つという。直接、道真の系譜を引かない場合でも、道真の子孫と婚姻関係を結んだ例も見られる。菅家七党のなかからは、のちに室町幕府の奉公衆に加えられた江見氏などもおり、美作における名門武士としての地位を確立した。

ただし、問題がないわけではない。右に示した事実は、良質な史料で確認することは困難で、後世に成立した史料に拠るところが大きい。たしかに、知頼の子孫が美作国に住んだことは『尊卑分脈』で確認できるが、その後の動向は不明な点が多く、婚姻関係についても史料的に裏付けが取れない。したがって、菅家七党とは、いわゆる「貴種流離譚《きしゅりゅうりたん》」の一つであり、史実として認めがたいものがある。一種の伝承に過ぎないだろう。

「貴種流離譚」の逸話は菅家七党だけに限らず、ほかにも類例が見られる。『尊卑分脈』や『公卿補任』などでは、公家が流された記事を確認できる。多くは彼らが土着したか、あるいは土地の女性を娶って子を残したあと、帰洛した伝承を生み出している。それらをすべて史料的に裏付けることは困難で、実際には疑わしいことが多いようである。地方武士団の箔付的な要素が強いように思える。

†新免氏は藤原氏閑院流の末裔か

美作国には、新免《しんめん》氏という国人が存在した。新免氏の南北朝期から戦国期にかけての動向は、実に謎が多いことでも知られている。特に、新免氏が徳大寺氏をその祖とすることや宮本武蔵と関係があるとの説などは、検討の余地が十分にあるであろう。ここでは、徳大寺氏を祖とする説について考えてみたい。

まず、新免氏の系譜について触れておこう。新免氏の系図には、「其祖《そのそ》徳大寺中納言実孝卿《とくだいじちゅうなごんさねたかきょう》より出たり」とあり、貴種であることが強調されている（『東作誌』）。特に、明確な根拠は提示されていないようだ。次に、特に徳大寺氏との関係を中心に、新免氏の系譜の信憑性を考えたいと思う。

徳大寺家は、藤原氏閑院《かんいん》流、清華《せいが》家として知られている。その家名については、平安後期、藤原公実《きんざね》の五男・実能《さねよし》が京都衣笠の地に徳大寺を建立したことにちなんでいる。新免氏の系図にあらわれる徳大寺実孝《さねたか》は、永仁元年（一二九三）に誕生し、元亨二年（一三二二）に没している。文保元年（一三一七）に正二位まで進み、官は権中納言まで昇ったことを確認できる。紛れもなく、実在の人物なのである。

では、徳大寺家と美作国は、いかなる関係にあったのであろうか。徳治三年（一三〇八）九月に推定される醍醐寺権僧正憲淳《ごんのそうじょうけんじゅん》の書状には、美作国粟井荘《あわい》（岡山県美作市）下賜分を巡って、醍醐寺報恩院が徳大寺実孝の押妨を訴えていたことがわかる（『醍醐寺文書』）。この史料が徳大寺家と美作国粟井荘との関係を示す初見である。

応仁二年（一四六八）の御花園上皇の院宣案によると、武家（幕府か）の下知に任せ、広岡民部少輔祐貴《みんぶのしょうゆうすけたか》の粟井荘押領を停止するよう、徳大寺実淳に伝えられている（『案文類消息』）。広岡氏は赤松氏庶流であり、この頃には美作国に進出していた。さらに「天文二年十月廿日徳大寺家当知行目録」によると、徳大寺家領として「美作国粟井庄（荘）」を確認することができる（『徳大寺家文書』）。

以上、乏しい史料ではあるが、少なくとも十四世紀初頭（鎌倉末期）から十六世紀初頭（戦国期）頃まで、粟井荘は徳大寺領であったことが確認できる。

†史料『新免家古書写』の信憑性

徳大寺家と粟井荘および新免氏との関係は、『新免家古書写』（東京大学史料編纂所謄写本）という史料に記述がある。『新免家古書写』は、もと美作国吉野郡川上村の新免喜左衛門が所蔵し、これを正木輝雄が文化十年（一八一三）に筆写したものである。内容的には新免家の系譜を記すとともに、歴代の事績を記録した史料である。

その記述は具体的であり、『大日本史料』などにも採用されている。以下、『新免家古書写』を用いて、新免氏と徳大寺家について述べておこう。

実孝は建武年間に後醍醐天皇の勅定により左遷され、粟井荘に御所を築いたと記されている。実孝は同地において、菅家の一族である有元佐高《すけたか》の娘を妻として娶《めと》り、一子をもうけたといわれている。この子が、のちの新免則重である。貞和三年（一三四七）三月八日、実孝は五十六歳で亡くなった。

実孝の跡を継いだのが、則重である。則重は将軍・足利義詮《よしあきら》から粟井荘を含め三ヵ所の荘園を与えられたという。ただ、それらを裏付ける一次史料はない。新免の姓は勅免の後、上洛した際に崇光院から与えられたと書かれているが、地方の土豪クラスの者が姓を勅免により与えられるとはふつう考えにくい。

則重の没年は、応永二十七年（一四二〇）八月二十一日とあるので、八十六歳という高齢で没したようだ。一説によると、応仁元年（一四六七）にはじまった応仁・文明の乱で七条少将則重なる人物が討ち死にしており、同一人物かと記されている。しかし、則重の生没年を考慮するとあまりに高齢になるので、年代的な矛盾が生じるので信が置けない。

流罪につきものの貴種流離譚

以上、『新免家古書写』を用いて新免家の歴代を記したが、内容的に疑義があり、とうてい信用することができない。史料が信を置けない性質の低いものであれば、新免家が徳大寺家の子孫であることも疑わしい。次に、その点を確認しよう。

そもそも『新免家古書写』では、実孝の没年などが間違えられている。実孝は、永仁元年(一二九三)に徳大寺公孝の子として誕生した。亡くなったのは、元亨二年(一三二二)一月十七日のことである(『花園天皇宸記』)。実孝の没年は一次史料に基づくものであり、疑いようがないと考えてよいだろう。

『公卿補任』にあらわれる実孝の記事を見ると、尻付記事などに美作国配流の記載が見当たらない。他の公家日記などにも美作国配流の記事が見当たらず、実孝が美作国に流されたという事実すら危ういと考えてよい。つまり、実孝の没年を始めとして、建武年間に実孝が美作国に配流されたことも疑わしいということになる。

したがって、『新免家古書写』の実孝に関する事実そのものが誤っており、まったく信用できないことになる。要するに、新免家と徳大寺家との血縁関係そのものは、根本的に検討し直す必要があるが、率直に言えば伝承の域を出ないと考えられる。また、新免の姓が崇光院から直接与えられたという話も、荒唐無稽で信用することができないのではないか。

実際、こうした貴種配流に伴い、現地の武士の娘と婚姻したという話は、他にも多く類例が見られることである。

粟井荘が徳大寺家領であったことは事実であるが、実孝がそこに流され、現地の武士である有元氏の娘を娶った話は、創作としか言いようがない。恐らく、『新免家古書写』の作者が粟井荘と徳大寺家との関係、そして粟井荘新免村と新免氏とを強引に関連付けて、勝手に作り上げたものと推測される。

†五条天神の流罪

何も流されたのは、人間だけではない。驚くべきことに、五条天神つまり神に流罪が申し渡された例がある。

五条天神が所在するのは、京都市下京区松原通西洞院《にしのとういん》である。その沿革をたどると、平安京に遷都が行われた延暦十三年（七九四）、空海により勧請《かんじょう》されたと伝わる。もともとは「天使の宮」「天使社」と呼ばれていたが、後鳥羽上皇時に「五条天神宮」へ改められた。以来、五条天神と称されるようになった。

五条天神では病気を退散するため、社前に靫《ゆき》を掲げて祈願していた。室町時代以降は、疫神、医道の祖神として信仰を集めた。

著名人に関わる逸話も多い。伝教・弘法の両大師が唐へ出発する前、無事に帰国できるよう五条天神に祈願したという。また、五条天神は武蔵坊弁慶と源義経との邂逅《かいこう》にかかわっており、義経と湛海《たんかい》（鬼一法眼の弟子で、伝説上の剣術家）が戦った場所としても知られている。

応永二十八年（一四二一）四月二十三日、朝廷は五条天神に流罪宣下を発布した（『看聞日記』）。それはなぜなのか。

『皇年代記』によると、旱魃・疫病が深刻な事態になり、飢えた人が人の肉を食らうという事態が起こっていた。多くの人々が亡くなり、洛中では足の踏み場がないほど死体が転がっており、山野や川は死体で溢れていたという。その数は、約十万と伝わる。事態は、すっかり深刻になっていた。

このように疫病が蔓延し、多くの人が死に至ったのは、疫神、医道の祖神である五条天神がその役割を果たしていないと考えたのであろう。つまり、朝廷は罰を与えるため、五条天神に流罪宣下を下したのである。しかし、実際に五条天神を流罪にできるわけがなく、単なるパフォーマンスと捉えるべき現象に過ぎない。流罪は重罪に適用されたので、このような事態に発展したのである。

†南北朝・室町期の流罪とは

南北朝期においても、基本的に死刑は忌避され、流罪をもっとも重い刑と認識していた。それゆえ、政治的な罪を犯した場合は、死刑ではなく流罪に処せられた。

ところが、争乱期の真っただ中であり、流罪では手緩いとの考えもあったに違いない。西園寺公宗は流罪になったものの、手違いを装って殺害された。つまり、流罪でありながらも、実質的には死刑を前提としていた可能性がある。

また、流罪が一種のパフォーマンス的な要素を多分に含んでいた感がある。室町幕府の樹立後、幕府は寺社などの要請により武家を流罪に処したが、佐々木導誉のように実際に配流地に赴いたのか疑問を抱かれた例すらある。つまり、幕府は寺社からのたび重なる要請により、渋々当該人物を処罰することに同意したが、実質的な最高刑の流罪を科すことにより、お茶を濁した感がある。

足利義教の場合は、さすがに死刑までに至らずとも、見せしめとして流罪を活用したといえる。しかも帰洛は許されなかったので、反対する勢力には効果てきめんであった。一方、反抗的な武家は徹底して討伐したので、二つの手法を駆使して、武家・公家をコントロール下に置こうとしたのだろう。

「貴種流離譚」や五条天神への流罪宣下は、流罪にまつわるユニークなものであるが、前者は家の正当化の手法として注目される。

以上のように、南北朝・室町期の流罪は刑罰としての意味はもちろんあるのだが、一方でパフォーマンス的な要素を多分に含むようになったのである。

第四章 戦国時代――権力誇示のための「見せしめ」

†戦国家法に見る流罪

応仁元年（一四六七）の応仁・文明の乱を境にして、戦国時代と称される混乱の時代に突入する（戦国時代の始期については諸説あり）。一般的に、戦国大名や戦国領主らは、自らの領域支配を円滑に進めるため、戦国家法という法令を定めた。戦国大名らが定めた戦国家法の形態は、おおむね次の二つに分類される。

一般的に知られているのは『六角氏式目』（近江六角氏が制定）のように、条文を配列した法典のような体裁を取るケースである。ただし、法典として法令を編纂する大名は、さほど多くはないといえる。むしろ、個別に発布された単行法令のほうが多く、それが法として認められていた。安芸毛利氏のような大きな大名も単行法令を発布し、訴訟などの裁決を行っており、まとまった戦国家法を編纂していない。

たとえば、『相良氏法度《さがらしはっと》』という戦国家法がある。『相良氏法度』は、肥後国球磨《くま》、葦北《あしきた》、八代《やつしろ》の三郡を支配した相良氏の戦国家法で、明応二年（一四九三）に制定された為続法度《ためつぐ》（七カ条）、制定年月不明の長毎法度《ながつね》（十三カ条）、弘治元年（一五五五）に制定された晴広法度により構成されている。つまり、三段階にわたって改定が重ねられてきたのだ。同様に『今川仮名目録』も、二段階の編纂過程を経ていることが知られている。

『相良氏法度』にも、流罪の規定がある。それは、裁判における讒者《ざんしゃ》（人を陥れるため、事実に反する悪口を言う者）の扱いと関連した規定である。裁判などで「誰が讒者である」と訴えをした際、訴えた者の主張が虚偽であると判明した場合、「誰が讒者である」と虚偽の訴えをした者は、死罪か流罪に問われるというものである。

また、讒者であると訴えた者が明確な根拠がなく申し開きをしたときは、別に重い罪が科せられた。虚偽に虚偽を重ねたときも、処罰の対象になったのである。これも、裁判の公平性を担保し、不法な行為をあらかじめ防ぐための措置であろう。

†『六角氏式目』と『大内氏掟書』

『六角氏式目』には、ほぼ『御成敗式目』を踏襲したような流罪の規定がある。『六角氏式目』とは、永禄十年（一五六七）四月に六角義治《よしはる》が制定した分国法である。『義治式目』とも称されるが、当時は単に「置目《おきめ》（規定・法律の意）」と呼ばれていたようである（『芦浦観音寺文書』）。『六角氏式目』が世に知られたのは比較的最近のことで、昭和十二年（一九三七）に法制史家の牧健二氏によって紹介された（「義治式目の発見と其価値」『法学論叢《ろんそう》』三七―五）。原本は残っておらず、複数の写本が残っている。

流罪の規定とは、謀書に関わること、博打を行ったことに関してである。ともに罪を犯せば、流罪となることが明文化されている。この点は、先述した『御成敗式目』にも規定されているので、その条文を受け継いだことになろう。一般的に戦国家法は、先行する『御成敗式目』など各種の武家法などを享受している。

周防・長門の大名である大内氏が制定した『大内氏掟書』にも、同様の規定を確認できる。『大内氏掟書』は永享十一年（一四三九）から明応四年（一四九五）までに大内氏の重臣・奉行人が発布した単行法令について、そのまま列挙・編集した戦国家法である。通常の戦国家法は、ある時点で条文ごとに整理および列挙され法典のようなスタイルを採用するのであるが、その点は大きく異なっている。次に、流罪に関する事例を取り上げておこう。

寛正三年（一四六二）八月十七日、長門国三隅荘（山口県長門市）の平民である左衛門三郎の子息が飯田貞家の郎従である石川助五郎を殺害した。左衛門三郎の子息が助五郎を殺害した理由は、助五郎と左衛門三郎の妻が不貞を働いていたからであった。この事件が、濫《みだ》りに人を殺害することとして問題視されたのである。

中世においては、姦通をした姦夫を本夫が殺害してもよいという妻敵討《めがたきうち》が認められていた。中世には自力救済の観念が広く浸透しており、本夫が自宅で妻と姦夫との不貞行為を確認したとき、姦夫を殺害してかまわなかったのである。ところが、これは自宅において確認した場合に限り、それ以外では単なる殺人事件として取り扱われ、しばしば混乱が見られたという。一方、『御成敗式目』三十四条に規定する密懐法《びっかいほう》（密通に関する処理を定めた法令）では、妻敵討を行った場合、所領の没収などが規定されており、自力救済を否定していたのである。

結論は『御成敗式目』の旨に任せて、左衛門三郎の子息と左衛門三郎の妻は流罪に処せられるという判決が下った。むろん石川助五郎の不貞行為は罪であるが、それよりも左衛門三郎の子息が殺害に及んだという事実が重視されたのである。ただちに二人は、判決どおり長門国見島（山口県萩市の離島）に流されたのである。

大内氏については、ほかにも例がある。天文十三年（一五四四）二月八日、豊前《ぶぜん》国吉田荘

（福岡県北九州市）の八幡宮神主・左馬大夫《さまのたゆう》が周防国興隆寺（山口市）領の百姓・四郎衛門を殺害した。すると、四郎衛門の弟・新四郎は復讐すべく、左馬大夫の在所等に火を放った。これにより、大内義隆は新四郎に流罪を科した（『平野文書』）。当時、原則として私的な復讐（自力救済）は、禁止されていた。それゆえ大内氏は新四郎を流罪としたのである。

†武田信玄の『甲州法度之次第』

『甲州法度之次第』には、流罪に関する特徴的な規定がある。『甲州法度之次第』とは、天文十六年（一五四七）六月朔日《ついたち》に武田晴信（信玄）が制定した分国法である。『信玄家法』『甲州式目』『甲州新式目』『甲州法度状』あるいは単に『甲州法度』とも称される。条文数は写本により異なっており、二十六カ条本（保坂本）と五十五カ条本とが存在する。原本は残っていない。

『甲州法度之次第』によると、被官人の喧嘩や盗みについては、その主人の罪は問われないと規定している。しかし、その実否を糺《ただ》す際、その主人が罪なきことをしきりに抗弁し、その間に罪を犯した被官人が逃亡した場合は、主人の財産の三分の一を没収することとし、財産がない場合は流罪に処するとある。

つまり、主人と被官人とは同罪とみなされないものの、審理の途中で彼らが逃亡すれば、その罪を主人が負わなくてはならないということになろう。また、三分の一の財産の没収というのは、すでに触れた室町幕府法の影響を受けたと考えられる。

以上のように、各戦国家法においては、少なからず流罪の規定がなされている。それらの多くは、当然ながら前代の慣習を引き継いでいたといえよう。

†戦国時代の流罪の特色

戦国時代になっても流罪が執行されたことは、先述のとおりである。しかし、その様相はこれまでといささか異なっているようである。

戦国に至ると交通が発達し、かつてのように辺境の地に流され、そこで土地の有力者の庇護を受け、ゆるやかに過ごすという形態は見られなくなる。刑として流されるのは同じであるが、その場合は他家に預けられるケースが増えていく。つまり、大名の監視下に置かれ、逼塞した生活を送るということになろう。

普通の庶民の場合も、流罪に処せられる場合はあるが、別に辺境の地に流されるわけでもない。多くは領国内の僻地に流されていた。したがって、その場合の流罪適用について、どこまで意味があったのか理解しがたい。ところが、残念ながら庶民の流罪の類は乏しく、詳細を探ることは非常に難しい。

一方で、戦国時代を勝ち抜いた天下人は、流罪を適用することが多かったようだ。天正十六年（一五八八）九月、豊臣秀吉は臨済宗の高僧・蒲庵古渓《ほあんこけい》を筑前博多（福岡市博多区）に流した。古渓は足利学校の出身で、大徳寺の住持を務めたほどであった。茶人の千利休とも親交があったという。それは、いかなる理由に基づくものなのだろうか。

天正十二年、秀吉は亡き信長の菩提寺として、京都船岡山（京都市北区）に天正寺を創建しようとした。秀吉の意欲は並々ならぬものがあり、正親町《おおぎまち》天皇の宸筆《しんぴつ》により勅額を準備し、蒲庵古渓に下賜した。しかし、秀吉は東山大仏殿（京都市東山区）や母・大政所《おおまんどころ》のための天瑞寺《てんずいじ》（京都市北区）の造営を優先し、やがて天正寺の件は立ち消えになった。おそらく蒲庵古渓は秀吉に抗議し、そのことが理由となって、流罪に処せられたと考えられる。

次に、豊臣秀次切腹事件について触れておこう。文禄四年（一五九五）七月、秀吉は甥の関白・豊臣秀次に高野山（和歌山県高野町）に蟄居を命じ、直後に切腹を申し渡した。なぜ秀吉が秀次に切腹を申し渡したかについては、今も諸説あって不明な点が多い。秀次の切腹後、縁者が大量虐殺されたのは有名な話であるが、その被害は周辺の人々にも広がった。

秀次の妻・一の台の父は、公家の菊亭晴季《きくていはるすえ》だった。不幸なことに晴季は秀次の一件に連座し、越後に流された。許されて戻ってきたのは、慶長元年（一五九六）のことであった。高野山で秀次の監視役を務めた木下吉隆は、のちに秀次の謀反に一味したと疑われた。結果、吉隆は薩摩へと流され、島津氏に預けられていたが、坊津《ぼうのつ》（鹿児島県南さつま市）で自害して果てた。

このほか、秀次の事件に連座して流された人は多い。

流罪になる明確な基準はほとんどわからないが、怪しい者には流罪という重罪を科し、周囲への見せしめとしたのだろうか。晴季の場合は一年余で帰還しているので、死に至らしめずとも権力者としての力を見せるのには、十分な効果があったのかもしれない。つまり、秀吉の行った流罪とは、見せしめ的な性格があったといえよう。

†浅野長政・大野治長・土方雄久の流罪

慶長三年（一五九八）八月に豊臣秀吉が亡くなると、代わりに実権を掌握したのが徳川家康であった。家康は積極的に執務を行う姿勢を見せ、大坂城に入城した。その際、五奉行の増田《ました》長盛と長束《なつか》正家から、前田利長・浅野長政・大野治長・土方雄久《かつひさ》の四名が家康暗殺計画を企てていると家康に報告した。

報告を受けた家康は、ただちに利長を討伐すべく、軍勢を派遣する準備を進めた。このうち利長は謝罪したので、母の芳春院《ほうしゅんいん》を江戸に送るなどし、何とか罪を逃れることができた。しかし、ほかの面々はすべて流罪となった。以下、『関ヶ原軍記大成』によって、事件の経過をたどることにしよう。

慶長四年九月十二日、家康は伏見城に戻ってきた。このとき家康暗殺を企んだのが、浅野長政、大野治長、土方雄久の三人である。話を持ち掛けたのは、長政であった。三人の作戦では、大坂城の千畳敷の廊下において、雄久が家康に一の太刀を浴びせ、治長が二の太刀で止めを刺すというものであった。ただ、十分に家康は警護されているはずなのだから、いささか稚拙な計画である印象は否めない。

案の定、大変お粗末なことに、前日に暗殺計画は家康に露見していた。長政は状況を察知したのか、病と称して出仕をしなかった。治長と雄久の二人は本懐を遂げるべく隙を狙ったが、家康の周りは家臣らが厳重に警護しており、ついに暗殺計画は失敗に終わった。三人に厳しい処分が科されたのは、自明のことだったといえる。

一説によると、前田利長・利政が雄久を招き、家康が大坂に下向した際、治長とともに暗殺することを持ち掛けたという。

†家康の寛大な措置

家康は彼ら三人の処分について、股肱の臣である本多正信に相談を持ち掛けた。正信は「前田利家が亡くなってから一年も経たないうちに厳しい処分を科すのはいかがか」と述べ、家康に寛大な処分を求めた。家康は正信の意見に同意したという。そこで、本来ならば死罪とすべきところであるが、流罪という措置を講じることにした。

治長は下野に流すことにし、結城氏がこれを受け取った。雄久は常陸に流すことにし、佐竹氏がこれを受け取った。治長は十月二日に配所に向かい、勝久は翌十月三日に配所に赴いた。二人は、佐竹、結城の両大名の監視下に置かれた。いずれも家康の目の届く、北関東方面だったのである。

一方、長政は増田、長束の両氏に対して、自らの領地（甲斐国）を返上し、子息の幸長の庇護下に入ることを申し出た。十月五日に甲斐へ向かったものの、領地を没収するほどの罪ではないとされ、家康の配慮により武蔵府中（東京都府中市）に籠居することになった。配慮といっても、家康の目の届くところに置いていた。ほかにもさまざまな二次史料にことの経緯は記されているが、一次史料による記述は見られない。

結局、三人は翌年になって許された。そして、彼らは今までと百八十度も態度を変え、家康を暗殺するどころか、関ヶ原合戦では東軍に属して戦っているのである。この間、家康から何らかのアプローチがあり、東軍に与することを決意したのであろう。

暗殺未遂事件の詳細は不明であるが、家康の命を狙ったにしては、あまりに寛大な措置である。ただ、前田利長を含め、自らの手により死罪を科すことは、今後の政局に少なからず影響があると考えたのかもしれない。本多正信の助言のとおりである。

そうなると死罪の次に重い流罪になるが、自らの目の届く範囲の大名に預けることにより監視を強めた。こうして家康は、彼らを自らに従わせるよう、さまざまな手段で仕向けたのかもしれない。

†朝鮮出兵の大きな負担——大友吉統

文禄・慶長の役の最中、改易という重い処分を受けたうえ、流罪に課せられた大名が存在した。豊後の大名の大友吉統《よしむね》である（義統とも。以下、吉統で統一）。吉統が流罪になった経緯などを確認することにしよう。吉統はキリシタン大名として知られる宗麟の子息で、父の死後に大友家の家督を正式に継承した。

天正十九年（一五九一）、かねてから中国大陸への進出を念願としていた秀吉は、李氏朝鮮との交渉が決裂したこともあり、翌春に朝鮮出兵を計画した。各地の大名には出陣の準備を命じ、前線基地として肥前に名護屋城（佐賀県唐津《からつ》市）を築城している。豊後に本拠を置く吉統は、当然応じなくてはならなかった。

早速、吉統は家臣を派遣し、名護屋に大友館を築かせたという。名護屋城は突貫工事で築城され、極めて短期間で完成した。ここに突如として、約二十万といわれる巨大都市が誕生した。翌年一月、吉統は黒田長政とともに第三軍に所属し、六千の軍勢を率いて朝鮮に出陣することになった。予定は、同年三月である。

同年二月、吉統は家督を子息の義乗《よしのり》に譲った。吉統は家の重要な古文書や家伝の宝物を譲ると、二十一カ条の家訓を与えている（『大友文書』）。その中で重要なのは、朝廷や秀吉に対する奉仕を説いていることであろう。特に、秀吉に対する態度には、特別な思いがあったと考えられる。

吉統は六千の軍勢を率いたと記したが、うち七百五十五名に関しては、有力な領主層に該当するので、一人当たり八人程度の被官を動員したことになる。領主一人当たり八人とはいえ、これは大きな負担になったと考えられる。朝鮮出兵に際しては、大友氏に限らず、多大な経費を自己負担せざるを得ないという事情があった。

大友氏の家臣には、少なからず出兵を渋るものもあった。さらに問題なのは、百姓の年貢負担であった。当然、それらは兵粮に充当されるもので、大友氏は農民から人質を徴集し、年貢の厳しい催促を行ったという。朝鮮出兵の諸経費は、農民に転嫁されていたのである。こうした事態を受けて、領内では少なからず耕作地を放棄した百姓があったと考えられる。そのため、農地は荒廃の一途をたどった。

出兵する吉統にとって大きな心配事は、残った家臣が叛旗を翻すことであった。そこで、吉統は家臣から起請文を提出させ、忠誠を確認した。あるいは、秀吉の九州征伐による九州国分から日を経ているので、周辺の他大名の動静も気になったであろう。いささか不安要素を抱えていたと考えられる。

こうして出陣準備の整った吉統が豊後をあとにして、肥前名護屋に向かったのは、同年三月十二日のことであった（『大友家文書録』）。

†吉統の朝鮮半島での戦い

朝鮮出兵は、吉統に大きな不幸をもたらした。以下、吉統の動向を中心に、戦闘の経緯を確認しておこう。

秀吉は約十六万人の兵卒を九軍に編成し、朝鮮に渡海させたのは同年三月のことである。翌月には、第一軍を率いた宗義智《そうよしとし》と小西行長が朝鮮に上陸すると、まず釜山《ふざん》城を落城させた。以後、続々と日本軍は朝鮮半島に上陸した。

第三軍に所属した吉統は、黒田長政とともに釜山に上陸すると、慶尚道《けいしょうどう》の金海城を攻撃し、見事に落とすことに成功した。その後、小西行長が漢城《かんじょう》に侵攻すると、朝鮮国王らは散り散りに北へ向かって逃亡したのである。

短期間で首都を陥落させたこともあり、日本軍には楽勝ムードが漂ったことであろう。漢城陥落後、日本軍はすぐに軍議を開き、部隊を八つに分けて、北方へ侵攻する計画を立てた。黒田長政が率いる第三軍は、黄海道《こうかいどう》から攻め寄せることになった。吉統も長政とともに力を尽くして戦った。

小西行長が率いる第一軍は快進撃を続け、やがて長政の第三軍と合流し、平壌《へいじょう》へ侵攻した。平壌に逃れていた朝鮮国王はさらに逃亡を重ね、明《みん》へ援軍の要請を行ったが、明軍は朝鮮からの救援依頼に対して反応が鈍かった。同年七月、行長は平壌を難なく制圧し、明との交渉に備えて平壌の地に止まった。しかし、日本軍の快進撃は、そう長くは続かなかった。

一つ目の理由は、やがて朝鮮各地で義兵が組織され、日本軍に激しく抵抗する勢力があらわれたことである。彼らは、両班《りょうはん》と呼ばれる官僚たちに率いられており、やがてその勢力は朝鮮全土へと広がった。二つ目の理由は、李舜臣《りしゅんしん》率いる朝鮮水軍が活躍し、日本水軍を次々と撃破したことである。

最後の理由は、七月に明軍から応援が駆け付け、平壌の小西行長を攻撃したことである。明軍が動いたことは、朝鮮軍の反撃を予想させた。この戦いで、行長は明軍に勝利を得たものの、朝鮮半島の制圧が容易でないことを痛感したであろう。おまけに異国の地での戦いでもあり、将兵の士気にも影響があったはずである。

こうして必然的に、両軍には和議の機運が出てきた。八月になると、日本と明は朝鮮の意向を無視し、休戦協定を結ぶことになる。ところが、この和議も長く続くことなく、翌文禄二年

（一五九三）一月に戦闘が再開するに至った。この戦闘の再開が、吉統の運命を決することになったのである。

†吉統の失態

膠着状態の続いた朝鮮半島情勢であったが、文禄二年一月に明軍が平壌の小西行長軍を攻撃した。小西軍は苦戦を強いられ、黒田長政・大友吉統・小早川秀包《ひでかね》に援軍を依頼した。しかし、日本軍は全体として兵力と兵粮の不足により厳しい戦いになっており、苦戦を強いられていたのはどこの部隊も同じだった。

援軍を要請された長政は兵力の不足を理由にして、救援に向かわなかった。行長は仕方なく、平壌を撤収して鳳山《ほうざん》へと逃れている。行長は鳳山にいた吉統をあてにしていた節があるが、吉統もこの時点ですでに鳳山を脱出していたという。行長の目算は大きく狂ったが、何とかこの苦境から脱することに成功した。

行長は、ことの顚末を秀吉に報告した。吉統の大失態というべき逃走劇は、ついに秀吉の耳にも入ったのである。では、なぜ吉統は鳳山に逃れたのであろうか。その理由については、次のように整理されている。

①家臣の志賀親善《ちかよし》は小西行長が戦死したと勘違いし、吉統に鳳山からの撤退を進言した

②撤退に反対する家臣もいたが、志賀親善の強い反論によって、大友氏は混乱状態に陥った
③結果、大友軍は鳳山を逃げ出し、黒田軍のもとに逃げ込んだ

つまり、大友軍が鳳山を撤退した最大の要因としては、第一に情報の錯綜があったことと、家臣団統率の面で問題があったこと、の二点に要約されよう。大きな要因は、混乱する情勢の中で、吉統は適切な判断が下せなかったのである。

吉統自身は何も語っていないが、逃亡（撤退というべきか）を責められたのは不本意であったに違いない。それでも、吉統は現地での談義に加わっており、三月には秀吉から漢城を守備するよう命じられている。吉統が鳳山を放棄したことは大失態であったが、何とかことは収まったかのようである。

ところが、のちに秀吉は急転直下で態度を改め、吉統をはじめとする三名の武将に対して、厳しい態度で臨んだのである。

†秀吉の怒り

文禄二年五月一日、秀吉は朝鮮の戦いで臆病な行為をした、大友吉統、波多信時《はたのぶとき》、島津忠辰《ただとき》の三名を改易という厳罰に処した（『島津家文書』）。このときの「勘当状」という長文の書状には六カ条にわたって罪状が記されており、秀吉の怒り心頭ぶりが伝わってくる。次に、要点を

示しておこう。

①小西行長が戦っている最中、吉統は加勢することなく逃げ出した

②吉統の逃亡は前代未聞のことであり、大変恥ずかしいことである。見せしめとして吉統とその一類を処分（殺害）するところであるが、助命して国を召し上げる

③同様のことは、天正十五年の豊薩合戦《ほうさつかっせん》（大友氏と島津氏の戦い）でもあった。そのときも処罰する予定であったが、不憫に感じたので実行しなかった

④③のことを不問にするにしても、吉統に豊後国一国を安堵し、公家にも加えた。このことに感謝し、吉統および家臣が秀吉に尽くすと思っていたが、今回のことで豊臣一家まで臆病者と言われたことは無念である

⑤吉統は、毛利輝元に預け置く

⑥吉統の子息・義乗は、加藤清正の配下に組み入れる

ところで、吉統と同じく行長の救援に向かわなかった黒田長政や小早川秀包は処罰を免れている。吉統だけが処罰された点については、いかに考えるべきだろうか。

†改易の理由

一つ目の理由は、「梅北一揆《うめきたいっき》」を改易の要因とする説である。「梅北一揆」とは、文禄元年

（一五九二）六月に島津氏家臣の梅北国兼《くにかね》が朝鮮出兵の途中で叛旗を翻し、肥後国葦北郡佐敷《さしき》城《じょう》（熊本県芦北町）を奪取した事件である。

このとき、一揆の黒幕と考えられる島津歳久《としひさ》（義久の弟）は、大友吉統の一味であったというのである。「梅北一揆」の事情を加味したうえで、朝鮮での失態を問題視し、秀吉は吉統から豊後を取り上げたようだ。付け加えると、先に示した③も原因に加えられているので、やはり秀吉は過去の失態を蒸し返したことになる。

二つ目の理由は、『大友家文書録』に記されている。秀吉が吉統の処分を決定したのは、石田三成ら奉行人の讒言を信じたからであるという。朝鮮出兵では意思疎通が十分ではなく、朝鮮半島と日本とでは温度差があった。吉統の悪い評価が、三成から秀吉に伝わった可能性も考えられなくもない。

三つ目の理由は吉統の犯した逃亡劇に関して、大名間の結束のルーズさに要因を求めつつ、吉統らの改易の理由を他の諸大名に対する「見懲《みこ》り（見せしめ）」ではないかと指摘されている。この結果、島津氏や加藤氏は、領国内における兵粮・武器の調達や百姓からの年貢徴収に力を入れている。いうなれば吉統の処分は、綱紀粛正ということになろう。

こうして改易を恐れた島津氏や加藤氏をはじめとする諸大名は、兵粮や武器の調達や年貢収奪の強化に乗り出すわけで、秀吉を恐れて「手を抜くこと」ができなくなった。これで、諸大名は秀吉を恐れ、「ピリッ」と引き締まったのである。

では、豊後国を追われた吉統と子息の義乗は、その後どうなったのであろうか。大友氏家臣を含め、関ヶ原直前の動向まで触れておきたい。

†流罪となった吉統

宗麟の跡を継いでから、吉統は秀吉に忠誠心を尽くして仕えてきたが、朝鮮出兵での失態は過去の経緯まで持ち出されて断罪の対象となった。豊後を取り上げられた吉統には、苛酷な運命が待ち構えていた。

改易された吉統は、わずか四、五名の従者を付けて、最初は毛利輝元に預けられた(『毛利家文書』)。子息の義乗は、肥後の加藤清正の配下に組み込まれている。吉統は二十数名の家臣とともに山口・本圀寺に幽閉されると、出家して宗厳と名乗った。号は中庵である。これにより、完全に大名の地位は失った。

翌年の九月、吉統は常陸国の佐竹義宣《よしのぶ》のもとに送られ、その監視下にあった。子息の義乗は能述と改名し、加藤清正から徳川家康の監視下に置かれた。場所は東京の牛込(東京都新宿区)である。大友父子は、秀吉が亡くなる慶長三年(一五九八)八月まで幽閉生活を余儀なくされたのである。

諸史料には特に流罪と書かれていないが、実質的には流罪と同じである。吉統・義乗父子は先に例として挙げた木下吉隆のように、大名家の監視下に置かれたのである。

吉統から取り上げられた豊後国は、秀吉の蔵入地に編入された。やがて、豊後国は六つに分割され、統治が行われたのである。悲惨な運命をたどったのは、朝鮮に出陣中の家臣団も同じであった。彼らは各大名に配属され散り散りになり、やがて大友家臣団は崩壊するに至った。大友氏旧臣は、牢人生活を強いられたのである。

豊後に残った家臣たちは、加藤清正の領国・肥後国に流れたようである（「稲田海素氏所蔵文書」）。こうして、かつて九州を代表する大名で、鎌倉以来の伝統を持つ大友氏は、滅亡の危機に瀕したのである。

†吉統の配流生活

秀吉が亡くなるまでの間、吉統がいかなる動きをしていたのか、詳しくわかっていない。おそらくは幽閉された常陸・佐竹氏のもとで、虎視眈々と大友氏再興の機会をうかがっていたと推測される。ちなみに同じ頃に改易となった波多信時は、徳川家康に預けられたのち、文禄三年に常陸国筑波（茨城県つくば市）で亡くなった。また、島津忠辰も、改易後にほどなくして亡くなったという。いずれも無残な最期をたどったのだ。

文禄の役で思いがけず秀吉から厳しい改易処分を受けた吉統は、常陸国・佐竹氏の監視下に置かれたが、慶長三年（一五九八）八月の秀吉死後に罪を許されたという。子息・義乗は、牛込に三百石の知行を与えられていた。しかし、中途で放り出された吉統は、路頭に迷ったに違いない。その後、吉統は京都にあって、家康の庇護を受けたと『寛政重修諸家譜《かんせいちょうしゅうしょかふ》』に記されているが、江戸幕府に提出された家譜という同史料の性格を考慮すると、検討を要するところである。また、ある説によると、吉統は輝元から救いの手を差し伸べられ、周防国大畠（山口県柳井市）に蟄居していたと伝える（『豊陽志《ほうようし》』）。

慶長四年十一月、吉統・義乗父子は、上洛して後陽成天皇に硯箱を献上したことが確認できる（『御湯殿上日記』）。この事実から、京都・大坂に居を構えたとは言い難いかもしれないが、彼らが自由な行動ができるようになったのは、たしかな事実であるといえよう。いずれにしても、二人の具体的な動向は判然としない。

その後の吉統の動向については、次の記録がある（『黒田家譜』）。

《（文禄の役で吉統が）秀吉から豊後国を取り上げられ、輝元に預けられて周防国に蟄居を命じられたが、この度、秀頼の命と称して大坂へ呼び出され、輝元と増田長盛から次のように命じられた。この度、吉統に本国の豊後国を返還するので、急いで同国に下って一族・郎従を集めて軍を起こし、豊後七人衆や在国の人々、小倉城主・毛利吉成と協力し、官兵衛を討伐せよ、

と（以下略）。》

先述した吉統が常陸・佐竹氏の監視下にあったというのは、子息・義乗のことと混同していたのであろうか。そう考えるならば、最終的に吉統は輝元のもとに蟄居せられ、義乗は家康のもとにあったと考えるのが自然なのかもしれない。

ちなみに、吉統が輝元に唆《そそのか》されて挙兵したというのは、『寛政重修諸家譜』の史料性によるところが大きい。大友家は高家として残ったので、進んで西軍に与しては具合が悪かったと考えられる。それゆえに、唆されたような書き方をしているのだろう。

†輝元配下にあった吉統

吉統が輝元の配下にあったことは、次に示す官兵衛宛の自身の書状（九月七日付）により明らかである（『黒田家文書』）。

《私（吉統）は配所において、浅からぬ輝元からの懇意を得たので、この度は一命を捨てて恩に報いたいと考えております。また、私（吉統）は老いていますので将来の望みはありませんが、義乗を何とか世に出したいと考えております（以下略）。》

吉統自身が書状で語っているのであるから、輝元のもとにあったのは事実であろう（『黒田家譜』にも同文の記述あり）。わざわざ官兵衛に伝えたところを見ると、豊後奪還が本来の目的であって、官兵衛との戦いは想定していなかったのかもしれない。しかし、実際のところ、吉統は秀頼から豊後国速見郡を拝領しており、その命を受けて同地に入部しようとしたに過ぎなかったのである。これまで、吉統は豊後国を実力で奪還するよう命を受けたように解釈されてきたが、誤りであると指摘されている。

いずれにしても、吉統は単に豊後国速見郡に入部しようとしただけで、ことさらほかの意図はなかったのである。ただ、吉統自身は速見郡への入部が困難を伴うことを熟知しており、官兵衛らと交戦になることは覚悟していたと考えられる。事実、官兵衛は吉統の豊後侵攻に備え、臨戦態勢を整えていた。

結局、吉統は孝高との戦い（石垣原の戦い）に敗れ、出羽秋田の秋田実季《さねすえ》のもとで幽閉生活を余儀なくされた。慶長七年に秋田氏が常陸宍戸（茨城県笠間市）に転封となると、同地で亡くなった（異説あり）。残念ながら、佐竹氏の庇護下にあって、どのような生活を送っていたのかは不明である。なお、子息の義乗は、幕府に旗本として仕えたことがわかっている。

このように豊臣政権下では、秀吉の勘気に触れた大名は流罪と称して、ほかの大名家に預け置かれたようである。

†宇喜多騒動と家臣たち

慶長四年末から翌年にかけ、宇喜多秀家の家中で新旧の家臣が衝突し、有力な旧臣が家中を退去するという事件が起こった。これが宇喜多騒動である。結果、一部の家臣は徳川家康の庇護を受け、逼塞していたという。宇喜多騒動により宇喜多家中は弱体化が進行し、慶長五年九月の関ヶ原合戦で敗北する大きな要因となった。

宇喜多騒動に関しては根拠となる一次史料が極端に少なく、二次史料は多く残されているが、必ずしも良質なものでもない。その証左として、いずれも記述に一貫性がなく、様々な説が書き残されている。以下、宇喜多騒動の概要をたどることにしよう。

事件の概要を示す一次史料は、次に示す『鹿苑日録《ろくおんにちろく》』慶長五年正月八日の記述である。

《中村次郎兵衛が去五日に亡くなった。その理由は、この頃宇喜多秀家の年寄衆を差し置いて、中村次郎兵衛が専横な振る舞いを行ったためらしい。中村を討ったのは、秀家から放逐された牢人らであった。その後、首謀犯は大谷吉継《よしつぐ》のもとを訪れた。秀家には、このことを知らせないとのことである。首謀犯を失った被官人ら七十人は、各地へ落ち延びていった。》

討たれたという中村次郎兵衛は前田利家の家臣であったが、豪姫《ごうひめ》が秀家に嫁ぐ際に併せて仕官したという。中村氏に関する史料も非常に乏しく、宇喜多氏の大坂屋敷の家老であったなどと言われているが、詳細は不明である。

その中で、年未詳ながら池田助左衛門に対して、「宮保の内二百石」を「坂折宮」へ奉納し、「神主社僧中」へ引き渡すように命じた史料がある（『黄微古簡集《きびこかんしゅう》』）。その際、浮田太郎左衛門や浮田河内守に申し入れを行っているので、少なくとも宇喜多氏家臣団の一角を担っていたと考えてよいであろう。

事件の五日後には、首謀者が磔《はりつけ》にされたことが史料に見える（『時慶記《ときよしき》』）。その四カ月後の五月十二日、長束正家邸において、大谷吉継、西笑承兌《さいしょうじょうたい》および奉行衆は、宇喜多氏の騒動について協議を行った（『鹿苑日録』）。当時、大谷吉継、西笑承兌の二人は、家康の息のかかった人物である（吉継は関ヶ原合戦で西軍に寝返った）。

さらにその十日後には、騒動の取扱いが決定しており（『武家手鑑』）、五月下旬の段階で騒動はいったん収まったようである。しかし、いずれの史料も断片的な記述に止まっており、具体的な措置については詳しく記されていない。

†事件の首謀者と原因

問題なのは、史料に首謀者の名前が記されていないことである。二次史料には書かれているが、あまりあてにならないといわれている。近年の研究成果によって、襲撃犯の名前は次の者である可能性が高いと指摘されている（下段は知行高《ちぎょうだか》。『浮田家分限帳』を参考にした）。

①戸川達安《みちやす》（一族の助左衛門、又左衛門も）――二万五千六百石
②宇喜多詮家《あきいえ》――二万四千七十九石
③岡越前守――二万三千三百三十石
④花房正（秀）成・幸次《よしつぐ》父子――一万四千八百六十石
⑤角南隼人《すなみはやと》・如慶《じょけい》兄弟――二千二百八十石
⑥楢村監物《ならむらけんもつ》――三千石

①～④の家臣は一万石を超える重臣たちで、宇喜多詮家は宇喜多氏の一族であった。彼らの知行高は、大名に比しても劣らなかった。襲撃前から宇喜多家中で不穏な動きがあったのは間違いないが、その原因はどのようなものだったのだろうか。

近世の編纂物によると、日蓮宗を信奉する戸川達安を中心とするグループと、キリスト教を信奉する中村次郎兵衛らとの宗教的な対立が主な原因であるとされてきた（『備前軍記』『戸川記』）。ところが、キリスト教徒と考えられる宇喜多詮家や岡越前守が日蓮宗に属しているなど不審な点があり、宗教的な対立を原因とする説は誤りとされている。

その他の有力な説としては、検地を推進する過程において、多大な軍役負担が家臣の不満を招き、宇喜多氏への反発が一気に噴出したというものがある。多大な負担は農民に転嫁され、

家臣たちは農民からの不満を受けたに違いない。そもそも宇喜多氏家臣団は、中小領主層の連合体的な意味合いが強く、自立性が高かった。

彼らには未だ中世的な土豪的要素（＝兵農未分離）があったため、徹底した検地による年貢の増長や軍役負担を回避したいという思いがあった。そのため、宇喜多氏家臣団の内部では、検地を推進する勢力と回避したい勢力との対立が生じ、騒動の勃発の要因となったということである。

†旧勢力の排除

宇喜多氏の家臣は中小領主層で編成されていたが、なかには二万石を超える大身の者も存在した。戸川達安は年を経るごとに数千石単位で加増されており、大名と遜色ない存在であった。もちろん、他の家臣らにも年を追うごとに加増されている者がいる。大身の家臣の存在は、宇喜多氏を脅かすことにつながった。しかも、戸川氏の場合は、知行宛行状に秀吉の袖判を得るなど、異例の扱いを受けていた。つまり、秀家の家臣団は、それぞれが一個の権力体のような存在でもあり、常に離反される可能性があったのである。

そこで、秀家は戸川達安をはじめとする旧勢力を徐々に排除し、中村次郎兵衛のような出頭人的奉行人を登用することにより、専制的な領国支配を志向したと言われている。旧臣たちの掣肘を排除し、古い体質から抜け出そうとしたのである。それは、次郎兵衛の登用だけに止まらなかった。しかし、これが思わぬ結果をもたらすことになった。

宇喜多氏が旧臣と距離を置こうとした点については、いわゆる「浮田」姓を持つ者が、新参の宇喜多氏家臣として重用されたことが指摘されている。新たに取り立てられた家臣と旧来の在地領主としての性格を持つ家臣との間には、溝が生じた可能性は高い。これに反発したのが、達安以下の旧勢力である。彼らは中村次郎兵衛を討つことにより、権限・地位の回復を画策した。こうした一連の流れが事件の背景なのである。

†徳川家康の関与と家臣の流罪

宇喜多騒動の解決にあたっては、徳川家康の関与があったことも指摘されている。宇喜多騒動の勃発後、大谷吉継のもとに首謀者である宇喜多氏重臣が出頭したが、吉継はこれを秀家に引き渡さず、家康に委ねた可能性があるということである。その理由としては、次の三つが提示されている。

①秀家による上級家臣の処分は、家中の弱体化を招くこと
②処分により、秀家の責任が問われる可能性があったこと
③①②を回避するには、穏便な措置が必要であったこと

そして、この重要事項を裁断できるのは、当時、家康しかいなかった。そこで、家康は親豊臣派で反徳川の姿勢の強い秀家に対し、牽制・弱体化させるよう目論んだのである。

たとえば、戸川達安は家康の自領である岩槻《いわつき》（埼玉県さいたま市）に配流とし、のちに家臣に加えた。同じく花房職之《もとゆき》も常陸に配流となり、のちに家康から取り立てられることになる。おそらく職之は、佐竹氏の庇護下にあったのではないだろうか。その間の二人の動静については、詳しいことがわかっていない。関ヶ原合戦では、二人とも東軍に与して戦った。

こうした処分の不徹底は、宇喜多氏の家中統制の不十分さが露呈し、秀家に大きなダメージを与えた。このように家康は秀家の家中騒動に紛れて弱体化を図り、目論みどおり宇喜多氏家中は混乱に陥った。これは秀家にとっても想定外のことであり、関ヶ原合戦を迎える頃には、目を覆わんばかりの状況になっていたのである。

家康が宇喜多氏の重臣を流罪とし、自らの手の届く関東に置いたのは、やがて彼らを許し家臣に加えようとしたからではないだろうか。家康は秀家の重臣らを流罪に科す振りをして、実際は配下に収めようと目論んでいたのである。

†真田昌幸の九度山への流罪

慶長五年九月の関ヶ原合戦において、上田城（長野県上田市）に籠る真田昌幸・信繁父子は西上する徳川秀忠の軍勢をよく食い止めた。しかし、このことが仇となり、戦後、昌幸・信繁父子は改易処分となり、九度山（和歌山県九度山町）に追放された。

昌幸・信繁父子が九度山へと向かったのは、慶長五年（一六〇〇）十二月十三日のことである（『当代記』）。池田長門守、原出羽守、高梨内記《ないき》、小山田治左衛門《じざえもん》、田口久左衛門、窪田作之丞、河野清右衛門、青木半左衛門、大瀬儀八郎、飯島市之丞、石井舎人《とねり》、前島作左衛門、関口角左衛門、関口忠右衛門、三井仁左衛門、青柳清庵《せいあん》ら配下の十六名は、昌幸に随行して九度山へ下向した（『真田家文書』）。

ちなみに慶長十六年に昌幸が没すると、このうち十三人は信濃国に帰郷した。十三人は流罪ではなく、昌幸に随行したに過ぎなかった。それぞれの子孫はそのまま家を継いだという。また、高梨内記と青柳清庵は大坂夏の陣で信繁に従い、討ち死にしたようだ（『滋野《しげの》世紀《せいき》』）。計算に間違いがあったのか、一人の数が合わない。

いよいよ九度山へ出発する昌幸・信繁父子には、ユニークな逸話がある。信之（昌幸の嫡男）に出立の対面をした昌幸は、大変恐ろしい目つきをし、はらはらと涙を流しながら「それにしても何と口惜しいことであろうか。家康こそ九度山へ追放してやろうと思ったのに」と申し述べたという（『真田御武功記』）。

昌幸の悔しい気持ちが滲み出た有名な言葉であるが、本当にこのようなことを言ったのか確認できない。実際はしおらしく、配所に向かったのかもしれない。昌幸の飽くなき執念、あるいは家康への怨念を物語るエピソードである。

信繁にも同じ逸話があり、『常山紀談《じょうざんきだん》』（江戸時代中期の軍談書）には「紀州高野山の麓の九度山に引き籠る信繁は、常に兵法を談じて天下の時勢に思いをめぐらせていた」と記されている。『常山紀談』は後世に成立した質の低い逸話集であり、ほとんど信を置くことができない。流罪を告げられた二人には、すぐに天下を獲ろうなどという気持ちはすぐに湧かなかったのではないか。

昌幸・信繁父子は一介の牢人として九度山で甘んじることなく、天下の情勢に思いをめぐらせ、「打倒家康」を目標として軍略を練っていたというのが通説として語られてきた。ただし、このエピソードの真偽は不明で、少なくとも時間の経過とともに「打倒家康」の気持ちは薄れ、まったく逆の事実が残っているのである。この点は、後述しよう。

†九度山とはどのような場所か

昌幸と信繁の二人が蟄居を命じられた高野山の麓にある九度山とは、どのような場所だったのだろうか。九度山は和歌山県北部に位置しており、古くは高野山領であった。かつて九度山には、真言宗の開祖・空海の母が慈尊院に住んでいたという。空海は母に面会するため、月に九回も慈尊院を訪れたといわれ、そこから九度山という地名になったと伝わる。当時、高野山は女人禁制であり、母が空海を訪ねて高野山を訪問できなかったのである。

織豊期において、高野山は武将が追放される場所として知られていた。生きて帰還できたこともあったが、死を命じられることもあった。次に、いくつか例を取り上げよう。

天正八年（一五八〇）八月、織田信長は佐久間信盛・信栄《のぶひで》父子を高野山に追放した。その主な理由とは、信盛が大坂本願寺との戦いに苦戦していたことで、その責任を追及されたからであった。その問責は十七カ条にわたり、過去に遡って責任を問うという過酷さで、信盛・信栄父子は有無を言わさず追放された。

信盛・信栄父子は出家したが、信長の怒りが収まることはなかったという。二年後の一月、信盛は無念の思いを抱きながら病死した。信盛の死を耳にした信長は後悔し、子息・信栄を赦免したうえで嫡男・信忠の配下に預けたという。

天正十八年（一五九〇）、豊臣秀吉は小田原城（神奈川県小田原市）を攻撃し降参に追い込み、北条氏直に高野山へ追放を命じた。氏直は家康の娘婿であったことから、翌天正十九年二月に秀吉から許しを得られたが、同年十月に疱瘡を患い、三十歳という若さで亡くなった。亡くなった場所は、高野山ではなく河内国だった。

豊臣秀次も犠牲者の一人である。文禄二年（一五九三）、豊臣秀吉に子息・拾（のちの秀頼）

が誕生した。その二年後、後継者と目され関白の座にあった甥・秀次に謀反の嫌疑が掛けられると、職を解かれたうえで高野山へ追放された。その直後、秀次には切腹が命じられ、さらに子女・妻妾も京都・三条河原で処刑され、家臣も多数が殺された。

このように、当時の権力者から疎まれた場合、高野山に追放され、その後の処遇を決定するというプロセスを経ることが多かった。許しを得られた者もいたが、無念のうちに死を迎えた武将も多かったのである。

†真田庵とは

二人が住んでいたのは、善名称院《ぜんみょうしょういん》である。善名称院は真田庵と称されており、こちらの名称のほうが有名なのかもしれない（以下、真田庵で統一）。真田庵は寛保元年（一七四一）、大安上人が昌幸の屋敷跡を寺院としたもので、二人の屋敷は別々に用意された。

信繁が居住した場所は堂海東といい、昌幸が住んだ場所は道場海東と呼ばれた（『先公実録』）。おそらく寺院の建物を改装して、二人に提供されたのであろう。ちなみに、「海東」とは「垣内」を意味し、住居の垣の内または樹木などで囲まれた住宅を示す。慶長十五年頃と考えられる十一月十一日付の昌幸の書状（小山田茂誠《しげまさ》宛）によると、少なくとも昌幸の屋敷は善名称院から借りていた状況がうかがえる（『小山田文書』）。

真田氏に関する史跡は、少しばかり記録が残っている（『紀伊国続風土記』）。真田淵という場所が紀ノ川沿いにあり、昌幸・信繁父子が水芸を楽しんでいたという。おそらく水芸とは、魚捕りや水遊びなどを意味するのだろう。『先公実録』には真田淵について書かれているので、昌幸・信繁が同地で遊んでいたのはたしかなことなのかもしれない。流罪の場合は、監視下にあってもある程度の自由が保障されていた。また、古曽部《こそべ》の東、丹生川《にうがわ》の東崖の岩間には、真田の抜け穴があったと記されている。ただし、真田の抜け穴伝説は多数あり、ほとんどは単なる伝承に過ぎない。

なお、昌幸は正室・山之手殿《やまのてどの》を伴わず、伊勢国出身の妾と同居していたという（『先公実録』）。昌幸が正室を信濃国に残した理由はわからないが、人気のない山里での生活を心配したのかもしれない。

†真田紐の逸話

九度山で昌幸は、いったいどのような生活を過ごしていたのであろうか。真田といえば、真田紐が知られている。昌幸は真田紐をいわゆる「真田十勇士」に行商させ、糊口を凌ぐと同時に各地の情報を得ていたという。参考までに「真田虫（寄生虫）」や「麦稈《ばつかん》真田（麦藁《むぎわら》帽子の材料）」は、「真田紐」に形状が似ていたので、「真田」の名を冠して名付けられたと伝わる。以下、真田紐を取り上げておこう。

九度山で生活していた昌幸は、木綿の打糸を大小の刀の柄に巻いて生業としていたが、これを見た人はあまりの粗末さに嘲笑したと伝わる（『名将言行録』）。これが「真田紐」である。周囲の心ない言葉に対して、昌幸は「たとえ錦の服を着ていても、心が頑愚《がんぐ》（愚かで強情なこと）ならば役に立たない」と述べ、「これを見よ」と大小の刀を抜いたところ、それは名刀として有名な「相州正宗」であったといわれている。正宗は、鎌倉時代に活躍した著名な刀工の一人である。

結局、人々は昌幸に敬意を表し、その木綿の打糸を「真田打」と呼んだといわれている。「真田打」とは、「真田紐」のことを意味する。未だ昌幸の闘志が衰えぬことを示しており、大変ユニークな逸話である。しかし、『名将言行録』は、明治二年（一八六九）に館林《たてばやし》藩士・岡谷《おかのや》繁実《しげざね》の書いたもので、戦国武将のユニークな逸話を数多く載せるが、ほとんど信が置けないと指摘されている。

「真田紐」は、箱物の紐、掛軸の吊紐などとして用いられている。そのルーツをたどると、昌幸・信繁父子が脇差の柄を巻くために開発し（『安斎随筆』）、「真田紐」の製造・販売により生活をしていたといわれているが、その真偽のほどは不明と言わざるを得ない。したがって、現在ではこの説に疑義が持たれている。

†昌幸は打倒家康を画策したか

昌幸・信繁父子は、再起を期そうと考えていたのだろうか。関ヶ原合戦で西軍に属し敗北した者は、改易処分を受けるか、死罪を申し付けられるかのいずれかの道をたどった。改易された大名のうち、復活したのは立花宗茂《むねしげ》くらいである。しかし、これは例外中の例外であり、敗者が復活するのは極めて困難だった。

昌幸が九度山に来てから約二年が経過した慶長八年三月十五日、信綱寺《しんこうじ》（長野県上田市）に宛てて書状を送った（『信綱寺文書』）。内容は「この夏、家康様が関東に下向されるとの噂がありますので、私のことを本多正信様が家康様に披露してくださるかもしれません。もし高野山を下山したときには、直接お目にかかりお話したいものです」というものである。書状の冒頭では、元気なので安心してくださいと書かれているが、内容は赦免を乞うたことを意味している。これまでの「打倒家康」というイメージとは真逆だ。

昌幸は「打倒家康」を悲願としていたのではなく、家康の配下の本多正信を通して赦免を申し出ていた。昌幸は一刻も早く許され、故郷の上田へと帰りたかったのである。とても「打倒家康」という気持ちはなかったのが実情だった。

ちなみに、この書状の追伸部分には、信綱寺から二匁の送金があったことが記され、昌幸は感謝の意を表している。どうやら昌幸は、経済的にも苦しかったようだ（後述）。

一方、慶長八年一月九日、昌幸は人を介して願主となり、京都・豊国神社（京都市東山区）に銀子七枚を奉納している（『梵舜日記《ぼんしゆんにつき》』）。昌幸の依頼を受け、豊国神社に代参し奉納したのは、秀吉の正室・北政所であった。北政所は関ヶ原牢人と懇意にしていたと指摘されており、昌幸も家康への口利きを依頼していたのではないだろうか。昌幸は豊臣方の人脈を介してでも、家康の許しを得ようとしたのである。

ところが、昌幸は赦免され故郷の上田に帰還するどころか、余生を厳しい耐乏生活で送らざるを得なかった。

†昌幸の借金生活

九度山における昌幸の生活基盤は、誰が支えていたのであろうか。昌幸の経済基盤は、国元の子息・信之からの援助により成っていた。また、信之の妻から鮭を送られることがあり、臨時収入として、先述した信綱寺から銀子二匁を送られることもあった。

加えて紀州藩や高野山の蓮華定院などから金銭的な援助を受けており、紀州藩主・浅野長晟《ながあきら》からは毎年五十石が支給されていたことがわかっている（『先公実録』）。紀州藩は昌幸らの監視を行っていたが、同時に扶助もしていたのである。

このように金銭的な援助があっても、昌幸の生活は厳しかったようだ。次に紹介する書状は、昌幸の厳しい経済状況の一端を示す史料である。

年次不詳一月五日付の昌幸の書状（宛名欠）には、昌幸の三男・昌親《まさちか》から臨時の扶助金四十両（現在の貨幣価値で四十両は約四百万円）のうち二十両が送金され、原半兵衛を通して受け取ったことが記されている（『真田神社文書』）。とりあえず半分の二十両が送金されたが、まだ二十両も不足しているのは、かなりの大金だったからだろう。

実は、昌幸は多額の借金に苦しんでおり、返済に苦しんでいた様子がうかがえる。それゆえ同書状によると、すぐに残りの二十両の送金を依頼したのであるが、とりあえず春に十両の送金でも構わないとし、さらに準備でき次第に五両でも六両でも送金してほしいと懇願している。もはや昌幸には、かつてのプライドすら失われていた。

昌幸の生活は、紀州や国元の人々によって成り立っていた。おまけに配下の者は十数名で、とても家康に太刀打ちできなかったはずだ。

†病に悩まされる昌幸

昌幸の晩年は、病気に悩まされ続けた。年未詳（慶長十五年頃）三月二十五日付の昌幸書状（信之宛）には、昌幸が病に苦しんだ状況が次のように記されている（『真田家文書』）。

昌幸は長らく国許である信濃の状況を聞いておらず、配下の青木半左衛門を遣わした。やがて、子息の信之が病気であることを知る。昌幸は変わりないので心配しないようにと言い、一方で寄る年波に勝てず、気力・体力ともに衰えたと述べている。そして、さりげなく自身の状況（貧困、病気）を悟って欲しいと言っている。信之に心配を掛けないように配慮しているが、もはや自身の気力・体力の衰えは限界だったようだ。

この書状の追伸では、九度山が田舎のことなので、何かと不自由であることを推察してほしいとしたうえで、とにかく大変疲れたと率直な心情を吐露している。昌幸は上田への帰郷の望みがもはや叶わず、長患いですっかり気力が衰えていた。しかし、昌幸の病名などは、詳しくわかっていない。別の年未詳（慶長十六年頃）の昌幸書状（信之宛）には、次のように書かれている（『真田家文書』）。

《私は昨年から病気がちで、今年も相変わらず煩っておりますので、困惑した状況をご推察ください。高野山に来て十余年が過ぎ、一度あなた（信之）にお目に掛かりたいと思いましたが、当分はその望みも叶わないようです。ただし、怠りなく養生しておりますので、めでたく平癒したときは、ぜひお目に掛かりたく思っておりますので、どうかご安心ください。》

書状の冒頭で自身の病が長引いたとしながらも、せめて生きているうちに息子に会いたいという率直な気持ちが書かれている。

†昌幸の最期

慶長十六年(一六一一)六月四日、昌幸は真田庵で病死した。享年六十五。法名は、龍花院殿一翁干雪大居士。九度山での幽閉生活は十一年にもおよび、晩年は病気に悩まされ続けた。九度山の真田庵にも宝塔があり、昌幸の墓所とされている。昌幸の火葬後、慶長十七年八月に河野清右衛門幸寿が分骨を持ち出し、長谷寺《ちょうこくじ》(上田市)に納骨したといわれており、それゆえ昌幸の墓は長谷寺にもある(『先公実録』)。

昌幸の没後、本多正信が信之に書状を送っている。内容は、昌幸は幕府から憚りのある人物なので、弔いに際しては幕府の許可が必要であるという助言である(「真田家文書」)。実は昌幸の没後、信之が昌幸の弔いについて相談しており、正信の書状はその質問に対する回答であった。昌幸は関ヶ原合戦で徳川家と戦ったので、葬儀すら許可が必要だったのだ。

かつて昌幸・信繁父子の赦免運動がなされたとき、正信を通して行われようとした。そのような事情から、この場合は正信から家康・秀忠父子に許可を求め、二人から許しを得られれば、葬儀を行う段取りだったのである。

旧知で武田信玄・勝頼に仕えていた城昌茂《じょうまさしげ》は、昌幸の死を悲しみ、九度山で厳しい生活を送ったことをねぎらった。六月十六日付の城昌茂の書状(信之宛)によると、昌幸死去の一報を耳にした昌茂は、涙を流して悲しんだという（『真田家文書』）。昌茂は、互いに再会を約束していたようだった。

信之は、昌幸を支えた青木半左衛門には百貫文（現在の貨幣価値で百貫文は約一千万円）、河野清右衛門と窪田作之丞にはそれぞれ六十貫文（現在の貨幣価値で六十貫文は約六百万円）を与えた（『先公実録』）。ほかの者たちも、恩賞が与えられたと考えられる。九度山に残ったのは信繁とわずかに付き従う者だけで、昌幸の配下にあった家臣たちは、昌幸の一周忌を迎えると信濃に帰国したのである。次に、子息の信繁を取り上げよう。

†真田信繁の配流生活

慶長五年（一六〇〇）九月の関ヶ原合戦後、信繁は敗北した西軍に属したため、父・昌幸と同じく紀州・九度山へと流罪となった。昌幸の配流生活については、すでに述べたとおりであるが、ここでは信繁のケースを取り上げることにしたい。結論から言うと、信繁の生活は昌幸と同じく悲惨なものであった。

信繁の妻は大谷吉継の娘であり、加えて妾が一人いたという。信繁の妻について考えてみよう。文禄二年九月の年次がある「鶴亀文懸鏡《つるかめもんかけかがみ》」（大宰府天満宮所蔵）の銘には、願主の大谷吉継と妻・東に加えて、小石・徳・小屋なる吉継の子供の名前が記されている。この三人の子供をすべて女性とする明確な根拠はないが、この中に女性が含まれており、信繁の妻になった女性がいるのはたしかなようである。二人が結婚したのは信繁の人質時代以降で、おおむね文禄年間頃と推測されている。

信繁と妻・妾との間には、二男六女の子供がいた。九度山では、このうちの男二人と女三人が誕生しており、子宝に恵まれていたようだ。信繁は妻子と同居していたので、ごく平凡かもしれないが、穏やかな生活を送っていたと想像される。

慶長十六年（一六一一）六月に昌幸が亡くなると、一年後に付き従った大半の家臣は信濃へと帰国するなどし、信繁の家族らは九度山に残った。昌幸の没後、残された信繁には、わずか数名の配下の者しか残らなかった。昌幸は真田家の当主だったので厚遇されていたが、信繁は庶子に過ぎず、止むを得なかったのかもしれない。

そもそも信繁は、家康に叛旗を翻した犯罪者の扱いだったので、昌幸と同様の待遇は望むべくもなかった。信繁は昌幸と同じく厳しい窮乏生活を強いられた。以下、信繁の苦しい生活をうかがう事例を見ることにしよう。

†信繁の窮状を示す書状

信繁の書状は、それほど多いとはいえない。その大半は慶長五年以降のものであり、九度山での苦しい生活を生々しく伝えている。

慶長十八年頃と推定される十二月晦日付の信繁の書状（真田家の重臣・木村綱茂宛）は（「宮沢常男氏所蔵文書」）、内容が少し回りくどいものであるが、九度山における苦境を切々と訴えていて興味深い。

内容は、信繁自身が変わることなく過ごしているので安心するように述べ、一方で冬の生活に不自由していることを書いている。さらに、窮乏した生活を察して欲しいとし暗にほのめかし、綱茂にお目にかかりたいと言葉を結んでいる。

書状を送った主旨は、歳暮として鮭を送られたことに対する返礼であるが、同時に苦しい状況を正直に述べている。生活は変わることはないと書かれているが、現実には金銭的に厳しい状況がうかがえるので、事実とは違っていた。

書状の追伸では、綱茂が連歌に熱心に取り組んでいることを知り、信繁も日々の慰みに連歌を勧められたと述べている。しかし、老年になってから連歌を学んだので、なかなかうまくならないことを残念がっている。

遠回しに苦況を訴えているのは、信繁に武将としてのプライドがあったからだろう。おそらく兄の信之も弟・信繁の厳しい状況を知っていただろうが、徳川家との関係にも配慮せねばならず、積極的に経済的支援をするのは困難だったに違いない。

経済的に厳しかった信繁は、父・昌幸と同じく家康を倒して、豊臣家の復権を考えるゆとりはなかっただろう。

同じような窮状を訴える書状は、ほかにもある。年未詳九月二十日付の信繁の書状（宛名欠）では、自らの窮乏生活を宛名の主に伝え、信之に伝えてもらうよう依頼している（「長井彦介氏所蔵文書」）。兄を頼ったのは真田家の当主でもあり、金銭的な援助が期待できたからにほかならない。経済的な援助なくして、信繁の生活は極めて厳しかったようだ。書状の後半部分では、九度山での苦しい生活を推察いただきたいと述べている。

九度山の夏は冷涼な気候であるが、冬の寒さは身に染みて厳しい。これに金銭の乏しさが加わるのだから大変である。追伸では信繁が九度山で連歌を学んでおり、日々のささやかな楽しみは、連歌だったようである。機会があれば興行したいと書いている。しかし、先述のとおり、信之には立場があり、積極的に動くことは難しかった。

一連の書状からわかるとおり、信繁は金銭的な苦労が絶えなかったので、「打倒家康」などと考える余裕はなかったであろう。窮乏生活を送る信繁は真田家家臣を通じて、さまざまな形で金銭的な援助を受けていた。このように豊臣家のことよりも、信繁は日々の生活に追われていたのが実情だった。

†歯が抜けた信繁

慶長十七、十八年頃と推定される二月八日付の信繁書状（姉婿・小山田茂誠宛）の追伸部分には、興味深いことが書かれている（以下、『岡本文書』）。

信繁が述べるところによると、自分が年をとったことが悔しくてならないこと、昨年から突然老け込んで思いがけず病人になってしまったこと、すっかり歯が抜けてしまったこと、髭なども黒いところが少なくなり白髪が増えたこと、など身体の変化を具体的に書いている。惰性で生きる毎日では目標もなく、何事に対しても気力を失っていたのだろう。

書状のほかの箇所では、信繁が祝儀で鮭二匹を贈られたことにお礼を述べている。使者の市右衛門から茂誠に変わりないことを聞かされ安堵する一方、自身も変わりないと書いているが、実際はそうでないことが明らかだ。書状では強気の姿勢を見せているが、追伸部分では先述のとおり苦しい胸の内を述べている。

この書状の追伸部分では、われわれがイメージする勇猛果敢な信繁の姿を思い浮かべることができない。当時の信繁はまだ四十代後半という年齢であり、まだ働き盛りだったと考えられる。ちなみに、当時の人々の平均寿命は比較的短命で、約五十年とされてきたが、多くは乳幼児期に亡くなることが多く、平均を押し下げていると考えられる。信繁が老けるには、まだまだ早かったのである。

多くの戦国大名は当主の地位を維持すべく、日々鍛錬や節制に務めて健康を維持し、気力・体力とも充実した日々を送っていた。ただ、信繁は厳しい生活という現実の対応に迫られ、健康は二の次だったのかもしれない。

†酒好きな信繁

信繁は、大変な酒好きだったことがうかがえる。六月二十三日付の信繁の書状（信之の家臣・河原左京宛）は、その一端を示す貴重な史料である（『河原文書』）。次に、内容を確認することにしよう。

信繁は左京に対して、自身で用意した壺に焼酎を詰めて欲しいと依頼した。当時の焼酎は量り売りだったので、持ち帰るための壺を持参しなくてはならなかった。もし、手元に焼酎がないようだったら、次の機会にぜひお願いしたいと記している。

そして、信繁は焼酎を壺に詰めたならば、壺の口をよく閉め、その上に紙を貼って欲しいと細かく指示し、連絡があり次第取りに行かせると書いている。酒飲みは、酒がこぼれることを非常に嫌がる。わざわざ詳しく指示しているのは、持ち帰る途中に焼酎がこぼれることを心配したからだろう。金銭だけでなく万事に細かかった性格を読み取ることができる。

追伸で重ねて焼酎のことを依頼しており、信繁は相当な酒好きだったことが判明する。九度山での幽閉生活を嘆き悲しむ信繁は、酒を飲むことで憂さを晴らしていたに違いない。

†信繁は出家したのか

大坂冬の陣が開戦される直前、信繁は九度山で出家し「伝心月叟《でんしんげつそう》」と名乗り、まるで山伏のような姿だったという（『武林雑話』）。信繁が出家した理由は、大坂城への道中で徳川方に見つかっても、山伏姿ならば修行中であると言い訳ができたからだと伝わる。

信繁が出家した事実について、ある書状には「真好白《しんこうはく》信繁」と署名されている。「真」は真田の略で、「好白」は法号と考えられ、出家したことを裏付けているのかもしれない。「真好白信繁」と信繁が署名した史料はほかにも存在し、その書状には「左衛門入（「入」は入道の略）」と署名されている。

これまでの研究によると、信繁が出家した時期は、昌幸が病没した翌年の慶長十七年のことと指摘されている。たしかに父の死は、出家の契機として妥当なのかもしれない。信繁は父を失い気力が著しく衰え、出家を決意した可能性はある。ところが、実名の「信繁」を以来変わらず用いているのは疑問であり、「好白」が法号ならば信繁という実名は用いないのが普通ではないだろうか。その点は疑問であり、出家したか否かは再考の余地がある。

†「打倒家康」は考え難い

通説（とはいえ、講談や通説の類）によると、信繁は父・昌幸とともに、連日連夜にわたって「打倒家康」の秘策を練っていたという。それは来るべき大坂の陣に備えたもので、徳川方の軍事行動を正確に予測し、豊臣方の対応策まで検討したうえで細かなシミュレーションを行っている。しかし、それは二次史料に基づく逸話に過ぎないだろう。

それらの逸話を読むと、実際の大坂の陣の流れを知ったうえで書かれたのは明白と言える。つまり、徳川方が勝ったという戦いの結果を前提にして、昌幸の作戦が示されているのだ。しかも、昌幸自ら考えた作戦を信繁が豊臣方に提案しても、信繁に実績がないので受け入れられない。いずれにしても、昌幸の作戦は結果論に基づいた空想と言って然るべきものである。

慶長十九年にはじまった一連の大坂の陣の開戦により、苦境に喘ぐ信繁に「負け組」から脱出する機会が訪れた。信繁は豊臣秀頼の要請により大坂城に入城し、大坂城の出丸として知られる真田丸を任された。信繁は徳川軍を相手に真田丸で攻防を繰り広げ、見事に勝利を得た。こうして大坂冬の陣は終結し、いったん両軍は和睦をする。

翌慶長二十年になると豊臣・徳川の和睦は破れ、再び両軍は戦うことになる。ところが、大坂城は和睦の際に惣構などの防御施設を破却され、真田丸も同様の扱いになったと考えられる。

もはや豊臣家に勝利の可能性はなく、信繁も劣勢を挽回することができず、最期は非業の死を遂げたのである。

厳しい生活を送っていた信繁は、見通しのない将来に絶望し、精神的にも不安定ではなかったか。それゆえ、酒で憂さを晴らす日々だったに違いない。不健康な生活が祟り、やがて信繁の髭は白髪が増え、歯は抜け落ちるありさまだった。そうした状況のなかで、とても家康を滅亡に追い込み、豊臣家の復権を画策するゆとりはなかっただろう。

当時の信繁には復活の目はなく、「座して死を待つ」という状況にあった。通説とは異なる哀れな信繁の姿こそが、現実の姿であったと推測される。

†処刑か流罪か

この頃の流罪の制度は、交通路の整備が進んだこともあり、遠隔地に住まわせること自体にはさほど意味がなかったようである。先述したとおり、一年ほど遠隔地の大名の監視下に置き反省を促し、ほとぼりが冷めた頃には帰国を許していたようである。もはや死罪に次ぐ重罪の意味での流罪ではなく、権力者が自らの威を示すものに転化したとも考えられる。

一方、大戦争の拡大により、敗戦した大名の取り扱いもさまざまだったといえる。戦争中に亡くなったケース、首謀者たる大名の切腹により家臣らを許す場合もあったが、流罪に処することも選択肢の一つとなった。

死罪に処するか、流罪に処するかは、別に明確な基準が認められない。ケース・バイ・ケースといえるであろう。死罪で見せしめにする方法もあるが、遠隔地の大名の監視下に置き、最後まで許さないというのも見せしめの一つである。

流罪後、帰国を許すか否かというのも、権力者の判断による。流罪となった大名の書状を読むと、そのうち許されるのではないかという、楽観視した心情をうかがえる。それゆえ、あらゆるルートを使って、赦免活動をしていたのであろう。しかし、現実にはかなり難しかったようである。

このように、戦国時代に至っては、もはや流罪は大きく変貌を遂げたようだ。次章では、江戸時代以降の流罪を確認してみよう。

第五章

江戸時代——増える犯罪人を江戸から離島へ

†江戸時代の流罪

江戸時代の流罪については類書が非常に多く、個別事例は枚挙に暇がない。そこで、本章では江戸時代の流罪一般を概説するにとどめ、主に近世初期における大名の流罪の例を取り上げることにしたい。最初に、江戸時代における流罪について、簡単に説明をしておこう。

古代においては「律令」、中世においては各時代の幕府法、戦国大名の家法によって、流罪の規定が定められていた。しかし、江戸時代初期においては、体系的な刑法に関する法典は存在せず、やや極端にいえば、ときの将軍の意向によって処罰が決められた。つまり、何らかの司法手続きを経なかったと考えられる。

一般的に、大名が改易となり知行を取り上げられた場合、流罪としてほかの大名に預け置かれた。いわゆる「大名預け」が近世初期のケースでは、スタンダードとなる。厳密に言えば流罪ではないかもしれないが、当時の感覚では配流だったようである。したがって、本章では「大名預け」を含めて検討を行った。

八代将軍・徳川吉宗の時代の寛保二年（一七四二）、『公事《くじ》方御定書《がたおさだめがき》』の下巻（『御定書百箇条』）に判例・取り決めなどが百三カ条にわたって制定され、幕府の刑罰の体系が整えられた。その刑罰の種類は、生命刑、身体刑、自由刑、財産刑、身分刑、栄誉刑に分類され、流罪（遠島）は自由刑に属する。

当時、江戸は百万都市としてにぎわっていたが、毎年のように犯罪者が増加していた。本来、犯罪者は小伝馬（東京都中央区）の牢屋敷に送られたが、やがて収容しきれなくなった。それゆえ犯罪者は流罪となり、離島へと送られたのである。江戸時代になると交通は発達していたので、辺境に犯罪者を流しても意味はなく、海を隔てた島に流すようになったと考えられる。島が遠ければ遠いほど、抜け出すのは困難だったに違いない。犯罪者が離島に送られたため、受け入れた離島の人口のうち、一、二割は流人であったという。

流罪になった場合、江戸からは大島《おおしま》、八丈島《はちじょうじま》、三宅島《みやけじま》、新島《にいじま》、神津島《こうづしま》、御蔵島《みくらじま》、利島《としま》の七つの島のいずれかに流された。それは罪状の種類によって分かれており、思想犯は遠流となり八丈島へ、破廉恥《はれんち》犯は中流となり三宅島へ、軽犯罪者は近流となり大島、新島へ流された。ちなみに京都、大坂、西国、中国の犯罪者は、薩摩の離島、五島列島、隠岐、壱岐、天草へと流された。むろん、彼ら犯罪者の家屋敷、田畠、家財道具は没収される。

†流人の生活

罪人は流罪が決定すると、親類縁者から米や銭などが差し入れられた（分量に制限あり）。差し入れのない者にも、ちゃんと銭が支給され、支給された布団は島へ持って行くことができた。島へ送られる前日には、好きなものを飲食することも可能である。犯罪者でありながらも、なかなかの厚遇だったといえる。なお、島に流される際には、これまでと違って妻や子供を連れていくことはできない。

島での生活はそれぞれに状況が異なっていた。おおむね八丈島、三宅島、新島は良い方だったが、利島、神津島、御蔵島はよくなく、御蔵島は最悪だったという。そもそも離島は食糧の自給自足が困難で、塩害、噴火などの自然条件も厳しかった。米が収穫できない島も珍しくなかった。十八世紀後半になると、流人が流されるのは、比較的条件がいい八丈島、三宅島、新島の三島に限られたという。

年を経るにしたがって、流罪になる犯罪者の数は増加していった。問題なのは、そもそも流人は犯罪者であるので、島でのトラブルが少なからずあったことだ。そこで、各島では独自のルールを定め、違反した者には処罰を科した。ただ、妻を娶ることにより、穏やかになる流人もいたので、「水汲み女」などと称される島妻との結婚を許可された。流人は禁獄といった形で、牢屋に収監されていなかったようである。

基本的に流罪は終身刑であったが、特別に許されることもあった。慶弔、法要といった行事、あるいは権力者の代替わりという節目である。しかし、流罪は死罪に次ぐ重罪であるので、恩赦、特赦となるのは大変だった。その資格を得るには、普通の人なら五年以上、武家は三十年以上とされた（付き添いがあれば十年短縮）。また、身寄りの者が寛永寺（東京都台東区）や増上寺（東京都港区）に嘆願したり、関係者による赦免運動や嘆願が必要であった。

ところで、幕府が離島に流人を送り込む理由は、膝元に犯罪人を置きたくないというものだった。収監場所を確保するのも大変であるし、経費も決して馬鹿にならなかった。事情は、ほかの各藩も同じだろう。逆に、離島では次々と流人が送られているので、たびたび流人を送ってこないように請願を行った。

しかし、幕府は膝元に犯罪者を置きたくないという事情があるので、一向に聞き入れなかった。それは各藩の対応も同じで、離島へ流人を送ることは止むことがなかった。

†家康の茶道具を盗まれて流罪

徳川家康も刑罰として、流罪を適用したことが知られている。いくつかその例を確認することにしよう。

慶長十二年（一六〇七）二月、ある事件が起こった（以下『当代記』）。家康は江戸を出発して、相模国中原へ鷹狩に向かい、同地に滞在することになった。その際、持ち込んだ金の茶道具（釜、天目《てんもく》、水指《みずさし》、柄杓《ひしゃく》、柄杓置《おき》、茶杓《ちゃしゃく》）などがことごとく紛失したのである。家康が愛用していたものだけに、高価な品々だったのだろう。紛失の一報を耳にした家康は、きっと激怒したに違いない。

家康は近習の仕業であるとし、彼らの宿所を捜索したが、特段不審な点はなかった。その日の夜、夜番の衆の相場勝七、落合長作、岡部藤十郎の三人について、掛川、田中、沼津の各城に預け置いた。すると翌朝、藪の中から誰かが落としたとみられる釜の蓋が見つかった。見つけた者には、褒美として金三枚が与えられた。

慶長十四年五月、金の茶道具を紛失した罪により、先の三人を流罪に処した。相場勝七は隠岐島、落合長作は鬼界ヶ島（『島津国史』では硫黄島）、岡部藤十郎は伊豆大島である。なお、『島津国史』では三人が流罪となった時期を慶長十三年七月のこととし、『大日本史料』もこれに従っている。

実は、この話には後日譚がある。『当代記』によると、慶長十五年二月になって、金の茶道具一式が発見された、その後、駿府城（静岡市葵区）で召し抱えられた女房たちが成敗された。女房たちは、城内でたびたび金子を盗んでおり、その罪状が明らかになったからである。先に盗まれた金の茶道具を盗んだのも、この女房たちではないかと記されている。

この場合の流罪とは、家康が大切にした金の茶道具が盗まれ、警備にあたっていた夜番の衆が責任を問われたということになろう。つまり、戦争に負けたわけでもなく、謀反を起こそうとしたわけでもないのだが、業務上の失態により流罪になったといえる。それにしては、極めて重い処罰である。

慶長十四年六月、駿府城の本丸に放火する者があった。何とか鎮火したものの、家康は下女二人の仕業であるとし火刑に処した。同時に女房衆二人も遠島を仰せ付けられた。女房衆は、管理責任を問われたものと考えられる（以上『当代記』）。下女の火刑は止むを得ないとしても、女房衆の遠島はやはり重い処罰である。

つまり、家康のケースでは、業務上の失態があった場合、流罪に処したことが確認できる。ただ、流罪を科された人々が帰国を果たしたか否かは不明である。

†家康に直言して流罪

家康に直言をして、流罪になったケースもある。家康には、侍医として片山宗哲《そうてつ》なる医師が付いていた。しかし、宗哲は少しばかり直言が過ぎたようである。

家康は食生活に気を遣っており、また体調を気遣い薬にも精通していた。家康が健康と長寿を保ちえたのは、そのおかげだったのだろう。一般的に、家康が「健康オタク」であったことは、よく知られた事実である。家康の大好物はてんぷらで、いささか食べ過ぎることもあったという。

元和二年（一六一六）三月、家康の腹部に腫瘍らしきものが発見された（以下『寛政重修諸家譜』）。医学に精通していた家康は「寸白《すばく》（寄生虫のサナダ虫）」が原因と自分で診断し、万病円という丸薬を服用することにした。万病円とはその名のとおり、万病に効く万能薬だったようである。

これを聞いた片山宗哲は家康の体調を気遣い、万病円は大毒の薬なので、逆に体を痛める可能性が高く、服用を控えたほうがよいと直言した。しかし、家康は宗哲の言葉を聞き入れるどころか、逆に機嫌を大いに損ね、信濃国に流すことにしたのである。流された地は、信濃の諏《す》訪《わ》高島（長野県諏訪市）であったという（『本光国師《ほんこうこくし》日記』）。

徳川家康が亡くなったのは、翌月の四月十七日のことであった。ちなみに宗哲は二年後の四月に秀忠に許され、江戸に戻ることができた。このケースでは権力者の勘気を蒙って、流罪に処せられたということになる。ただ、不思議なことに宗哲の知行地は没収されることなく、そのままであったという。

†多くの公家が流罪になった猪熊事件

江戸時代の初頭、公家たちが大量に流罪に処せられるという事件があった。それが、慶長年間に起こった猪熊《いのくま》事件である。

事件の首謀者である猪熊教利《のりとし》は大変な美男子と言われ、その斬新な髪形や帯の結び方は「猪熊様」と称され、京都の街で大流行したという。また、教利は派手な女性関係で知られており、宮中の女性などとの交遊は「公家衆乱行随一」と噂されていた。現代風にいえば、「プレイボーイ」ということである。

慶長十二年二月、教利と宮中の女性との密通が発覚し、宮中の風紀紊乱《びんらん》を憂慮した後陽成天皇は激怒する。ここまでも何度か取り上げたとおり、宮中における性的な乱行はかなりの重罪である。勅勘を蒙った教利は京都から何処へと出奔した。しかし、ほとぼりの冷めた頃、教利は京都に舞い戻り、もとの乱れた女性関係に溺れていた。その際、入魂《じっこん》である公家衆を誘っていたといわれている。

慶長十四年七月、参議を務める烏丸《からすま》光広以下、数名の公家が典薬《てんやく》（医療・調薬の担当）の兼《かね》康備後《やすびんご》の手引きにより、典侍《てんじ》広橋《ひろはし》氏ら五人の官女と密通に及んだことが露見した。ことの発端は花山院忠長《かざんいんただなが》が兼康備後を介し広橋局《つぼね》と交遊関係を深め、これに教利が便乗する形で公家衆を誘い、たびたび乱行に及んだことが原因といわれている。

むろん事件の次第を耳にした後陽成は激怒し、宮中の綱紀粛正を徹底すべく、関係者を極刑に処することを決意した。後陽成の意向は幕府に伝えられたが、徳川家康は天皇のお考え次第であると意見を述べている。家康がそう答えたのは、朝廷の問題には関与したくなかったからだろう。しかし、周囲から公家らの寛大な措置を願う声が沸き起こると、すべての処分は家康に委ねられることになった。

実際に事件を担当したのは、京都所司代の板倉勝重と次男の重昌であった。すでに教利は逃亡しており、九州あるいは朝鮮に渡ったとも伝わる。しかし、同年九月に教利は日向に潜伏中に捕らえられ、京都へと連れ戻された。

†処分の行方

結局、事件に関与した公家を後陽成の要望に沿って死罪に処すると、大変な混乱が予想された。そこで、家康は教利と兼康備後の二人を死罪とし、残りの公家らは流罪と処することにした。名前と配流先は、次のとおりである。

難波宗勝《なんばむねかつ》 ↓ 伊豆（慶長十七年勅免）
大炊御門頼国《おおいみかどよりくに》 ↓ 硫黄島（慶長十八年、硫黄島で死去）
飛鳥井雅賢《あすかいまさかた》 ↓ 隠岐（寛永三年、隠岐で死没）
花山院忠長 ↓ 蝦夷松前（寛永十三年（一六三六）勅免）
中御門宗信《なかみかどむねのぶ》 ↓ 硫黄島（没年不祥、硫黄島で死去）
広橋局 ↓ 伊豆新島（元和九年（一六二三）九月勅免）
中院局《なかのいん》 ↓ 伊豆新島（↓同右）
水無瀬《みなせ》 ↓ 伊豆新島（↓同右）
唐橋局（唐橋在通の娘） ↓ 伊豆新島（↓同右）
命婦讃岐《みょうぶさぬき》 ↓ 伊豆新島（↓同右）

流された彼らの生活の実態については、詳しく伝わっていない。広橋局らの女性は、元和九年に一斉に許され、無事に帰還を果たしている。しかし、ほかの公家については扱いがさまざまで、許されて帰還する者もいれば、無念のうちに現地で亡くなる者もいた。ほとんどが江戸からかなり離れた場所に流されたので、心中を察するところである。

一連の動きのなかで、もっとも利益を得たのが家康であった。首謀者である猪熊教利と兼康備後の二人は死罪としても、ほかの関係者までも後陽成の指示どおりに処刑すると、朝廷に悪影響を及ぼすのは必至であった。処分を委ねられた家康は流罪という死罪に次ぐ厳罰を科すことにより、混乱を未然に防いだのである。

一連の事件のなかで、家康は後陽成の最高意思を変更したことになり、以後の朝廷との関係で主導権を握ることになった。これは、家康にとって思わぬ副産物であった。元和元年（一六一五）七月十七日、幕府は「禁中並公家諸法度」を制定し、朝廷を規制する法的根拠を得ることになった。家康の流罪という判断は、その後の幕府の対朝廷政策につながったといっても過言ではないのだ。

†岡本大八事件と有馬晴信

江戸時代初期に幕府を震撼させた事件が、慶長十七年に発覚した岡本大八事件である。この事件によって、当事者の一人である有馬晴信は流罪に処せられた。以下、その顚末を確認することにしよう。

慶長十四年（一六〇九）十二月、晴信は長崎港外において、ポルトガル船のノッサ＝セニョーラ＝ダ＝グラッサ号を焼き討ちにした。それには伏線があった。同年二月に晴信の朱印船が占城(チャンパ王国、現在のベトナムの一部)において、同船との取引をめぐり揉め事になった。マカオ総司令のアンドレア・ペアソは鎮圧に動いたのであるが、最終的に晴信の側に多数の死者が出たのである。

焼き討ちを仕掛けた有馬晴信は、キリシタン大名として知られており、肥前・日野江城（長崎県南島原市）の城主であった。天正年間以降、同じ肥前の大名の龍造寺氏から圧迫を受けていたが、イエズス会のヴァリニャーノから武器などの支援を受け、龍造寺氏を退けることに成功する。晴信は天正遣欧使節を進め、天正十五年に伴天連追放令が発布されると、領内に宣教師やキリシタンを匿った。

この一件で暗躍したのが、本多正純の家臣・岡本大八である。ちなみに、大八もキリシタンであったといわれている。実のところ、晴信は鍋島氏の領土となっていた、旧領で肥前国北部の藤津・彼杵《そのぎ》・杵島《きしま》の三郡を何とか回復したいと念願していた。そこに目を付けたのが大八だった。大八は晴信に旧領の回復を実現すると仲介を持ち掛け、その対価として多額の賄賂を受け取ったのである。その金額は約六千両（現在の貨幣価値で約六億円〜七億円）であったといわれ、わざわざ朱印状まで偽造していたという。

しかし、待てど暮らせど晴信のもとには、旧領が回復されたとの連絡はやってこない。不審に思った晴信は、思い切って大八の主である本多正純に事情を問い質した。驚いた正純は直ちに大八を詰問したが、なかなか一連の出来事について口を割らなかった。そこで、家康は駿府町奉行の彦坂光正に対し、ことの真相を糺《ただ》すように命じた。

慶長十七年に大八と晴信が召喚され、尋問がはじまった。結局、大八は朱印状偽造の罪を認めたものの、それとは別に晴信が長崎奉行の長谷川藤広《ふじひろ》を殺害しようとしたと訴えたのである。晴信は自身の無実を十分に説明ができず、大筋でそれを認めた。大八は火刑に処されたが、晴信の処分についてはいささか考慮する点があった。

†流罪から自害、あるいは殺害

家康の養女・国姫《くにひめ》（本多忠政の娘）は、晴信の嫡男・直純《なおすみ》のもとに嫁いでおり、改易などの厳しい処分を科すのは難しい状況にあった。そこで、家康は晴信の家督を取り消し、所領も取り上げたうえで、すべてを直純に与えることにした。『鍋島勝茂譜考補』によると、直純はこの件について一切知らなかったという。こうして晴信には死罪ではなく、甲斐への流罪が申し渡されたのである。

慶長十七年三月、晴信は甲斐国都留郡に流され、大久保長安《ながやす》（あるいは鳥居成次）の監視下に置かれた。『鍋島勝茂譜考補』によると、家康は「晴信は表裏のある人間なので油断できない」と評したという。翌五月六日、晴信は自害を申し渡された。『当代記』には、殺害されたと記されている。

大八の場合はすぐに処刑という判断ができたが、晴信は家康と姻戚関係があり、即座に厳しい処分を科すことができなかった。そこで、いったん晴信の家督を取り上げ、わざわざ子息の直純が事件のことを知らなかったことにし、父の旧領を安堵した。家康の配慮の一端を物語っているといえる。しかも、晴信を甲斐へ流罪とし、現地で自害させる（あるいは殺害）という周到ぶりであった。こうして家康は、自身と養女の国姫の体面を保つため、隠密にことを済ませようとしたのであろう。

おおむね江戸時代においては、大名預けというスタイルが確立する。そのまま生き残ることもあるが、途中で処刑（あるいは自害）を命じられることもあったのだ。

†失脚した本多正純

正純は岡本大八事件において、思いがけず部下の失態で足元をすくわれそうになった。しかし、正純も最終的に流罪の憂き目に遭う。

永禄八年（一五六五）、本多正純は正信の長男として誕生した。父とともども家康の股肱《ここう》の臣であった。慶長十二年に家康が駿府《すんぷ》に移り、大御所政治を開始する。その際、父の正信は江戸の秀忠を支えたが、正純は家康に従って駿府に移った。いわゆる駿府政権において、正純は江戸の正信と協力し、政治全般で専横な振る舞いをする。一方、大坂の陣では、大坂城の惣堀を埋め立てるなど、徳川方の勝利に貢献した。つまり、本多正信・正純親子は、良くも悪くも徳川政権に欠かせない人物だった。

元和二年（一六一六）に家康が亡くなると、正純は藤堂高虎《たかとら》とともに日光東照宮（栃木県日光市）の造営に従事し、家康の葬儀を主導した。その後、正純は秀忠のもとでも重用され、元和五年には下野・宇都宮に十五万五千石を与えられる。このように正純は親子二代にわたり江戸幕府を支え、その生涯は極めて順調だったといえる。

元和八年八月、出羽・山形の最上義俊が改易された。最上氏は義俊が父の家親から家督を継承して以降、家中の紛争が絶えず、元和三年には最上騒動が起こっていた。義俊は父の家親が亡くなったのは、家臣の山野辺義忠が毒を盛ったからであると、幕府に訴えたのである。以降も最上家中で混乱は続いていた。

状況を重視した幕府は、最上家五十七万石を改易とし、とりあえず義俊には一万石を与え、将来的に本領を安堵すると約束した（結局、約束は反故にされる）。こうして一連の処分は終わったのである。

元和八年八月に最上氏の改易が決定し、山形城の受取を命じられたのが本多正純である。翌月、山形城の接収は滞りなく終了した。その後、幕府から使者として伊丹康勝と高木正次が山形に派遣され、正純は自身の改易処分を伝えられたのである。おそらく、正純は自身が改易になるとは予想さえしなかったに違いない。

正純が改易されるのには、もちろん理由があった。たとえば、居城の宇都宮城の無断での修理（『武家諸法度』の違反）、鉄砲を無断で製造、購入したなどである。いずれも謀反の嫌疑を掛けられても仕方がなかったかもしれない。全部で十一カ条もあったという。なお、理由の一つとされてきた宇都宮城釣天井《つりてんじょう》事件（正純が城に釣天井の仕掛けを作り、秀忠を殺害しようとした事件）は、まったくの創作とされている。

結局、正純の釈明は受け入れられず、出羽国由利（秋田県由利本荘市）五万五千石に知行替えを命じられた。しかし、自身の無実を信じて疑わなかった正純は、これを固辞した。これがかえって秀忠の逆鱗に触れ、本多家は改易。その身柄は佐竹義宣の監視下に置かれることになり、わずか千石の知行を与えられるに止まった。

その後、正純は横手（秋田県横手市）に移され、寛永十四年（一六三七）に同地で亡くなったのである。

†正純改易の真相とは

正純改易の真相とは、いかなるところにあったのだろうか。『梅津政景《まさかげ》日記』元和八年十月一日条には、秀忠が正純の働きぶりに不足を感じていたからであると記されている。加えて、元和五年に広島城主の福島正則《まさのり》が改易された際に反対したこと、小山三万三千石から宇都宮十五万五千石に加増されたにもかかわらず返上しようとしたこと、そして宇都宮城を無断で修繕しようとしたことなどが挙げられている。

ほかの史料にも同趣旨のことが記されており、すでに家康存命中において、秀忠と正純はそりが合わなかったようである。宇都宮における加増は、家康の遺命によるものであったが、秀忠の堪忍袋の緒はすでに切れたというのが真相だったようだ（『本多家文書』）。『細川家史料』には、ここまで正純の処分が延びたことは奇特であると記しているので、周囲から見ても当然の処分だったのかもしれない。

『部分御旧記《きゆうき》』という細川方の史料によると、本来は正純を死罪に処すべきところであるが、家康以来の忠勤に免じて命だけは助けたと記されている。しかし、正純はそれを屈辱と思ったのか、最初の知行替えを拒否し、最後は流罪に処せられた。つまり、この場合の正純の流罪という処分は、死罪に次ぐ重い罪としての適用となろう。

正純の流罪というのは、何らかの審理を得て決まったのではなく、あくまで秀忠の意向であった。その際、過去の実績を考慮して、流罪を適用したのは興味深い。流罪というのは、最大の配慮を示した結果のもっとも重い罪ということなのだ。

†乱行におよんだ前田茂勝

前田茂勝《しげかつ》は玄以《げんい》の子で、慶長五年（一六〇〇）九月の関ヶ原合戦では西軍に味方し、丹波、但馬などの諸将とともに丹後・田辺城に籠る細川幽斎《ゆうさい》を攻撃した。

しかし、父の玄以が朝廷との太いパイプを持っていたことや、実際には東軍と交戦して被害をもたらさなかったことが考慮され、処分を免れるところとなった。茂勝に限らず、田辺城攻撃に参加した丹波、但馬の諸将の多くは処分を科されなかった。彼らは石田三成の身辺で命令を受けたので、逆に攻撃されることを恐れ、逆らうことができなかったのだろう。

慶長七年に父・玄以が没すると、茂勝は家督を継承し、丹波国八上城《やがみじょう》（兵庫県篠山市）を拠点とする大名に取り立てられた。コンスタンチノの洗礼名を持つ茂勝は、熱心なキリスト教徒であった。入信したのは、文禄三年（一五九四）のことといわれている。そのため禁教政策を推進していた幕府からは、危険視されていたようだ。幕府の厳しい監視が影響したのか、茂勝の行動は異常さを増すところとなった。

『見聞記』などによると、茂勝は内政を蔑ろにし、京都で乱行・放蕩三昧の生活を送ったという。当主としては、当然あるまじき行為であった。事態を憂慮した家臣・尾池清左衛門父子は、茂勝に諫言するが、これは聞き入れられなかった。それどころか、尾池以下の家臣は切腹を命じられるなど、極めて理不尽な処分を下されたのである。ただ、当主が狂乱状態となったため改易処分を受けた例は多く、実際に茂勝が乱行に及んだか否かは、一次史料で確認することができない。

†茂勝の処分

そのほかの家臣らも殺害されるなどし、狂気となった茂勝は近江国水口《みなくち》（滋賀県甲賀市）を彷徨《さまよ》っているところを打擲され、伏見へと連行された。この状況を幕府が見逃すわけがなかった。慶長十三年（一六〇八）、茂勝は幕府から改易を申し渡され、所領を没収されることになったのである。

そして、舅である出雲国松江の堀尾忠晴に茂勝は預けられた。忠晴の父・忠氏の妻は、前田玄以の娘であった。そうした関係もあって、茂勝は忠晴のもとに送られたのだろう。出雲に到着した茂勝は、さらに隠岐へと流されたと伝わる（『見聞記』）。以後の動静については、ほとんどわかっていない。その後、茂勝は悔い改め、クリスチャンとして真面目な生活を送ったというが、元和七年（一六二一）に四十歳で病死した。

この事例は、「当主乱行」から執り行われた改易として知られるものである。茂勝は多数の家臣を死に追いやったこともあり、本来ならば死罪でもおかしくないはずだが、親類の縁をたどって大名預けとしたのである。あくまで正確には大名預けであるが、流罪という扱いには変わりない。

†薩摩へ逃亡した宇喜多秀家

慶長五年（一六〇〇）九月の関ヶ原合戦において西軍が敗戦すると、宇喜多秀家は逃亡の果てに流罪となった。秀家は八丈島の「流人第一号」として知られており、その子孫も八丈島での生活を余儀なくされた。子孫が本土への帰還を許されたのは、幕末維新期を待たなくてはならなかった。ここでは秀家だけでなく、幕末・維新期までの宇喜多家の流罪生活を取り上げることにしよう。

関ヶ原合戦で敗北を喫した秀家は、ただちに戦場を離脱し伊吹山中を彷徨った。秀家の逃亡生活については、多くの二次史料に取り上げられている。村人や家臣との美談も伝わっているほどである。たとえば、逃亡途中に村人から救いの手を差し伸べられたり、大坂で妻の豪姫と劇的な再開を果たすなどである。ただし、史料の性質上、すべてを史実とはみなし難く、ここでは逃亡生活について詳しく述べることはしない。

慶長六年（一六〇一）六月、秀家は約九カ月の逃亡生活を経て、島津氏の領国である薩摩国へ入国を果たした。秀家が海路により到着したのは、薩摩半島の南端にある山川港（鹿児島県指宿市《いぶすき》）だった。薩摩の島津義弘は西軍のかつての盟友であり、断ることなく秀家を迎え入れた。また、義弘は子息の忠恒《ただつね》に対しても、早く秀家に面会するように伝えている。秀家にとっては、誠にありがたかったに違いない。

関ヶ原合戦以降、不鮮明な態度をとった島津氏は薩摩などの領国の安堵をめぐって、徳川方と交渉を続けていた。この時点における島津氏は、明確に徳川方に帰参したとはいえず、中途半端な状況にあった。敗残者の秀家が薩摩・島津氏を頼った理由は、そのような政治的状況を逆手に取り、匿ってもらおうとしたのであろう。

†薩摩における秀家

秀家が義弘に感謝の意を表したのは、もちろん言うまでもない。同年六月下旬、秀家は出家し、休復という法号を名乗った（『薩藩旧記』）。出家したのであるから、ここで大名としての復帰というのは、ほぼ諦めたに違いない。

薩摩に逃れた秀家は、徳川を打倒し、旧領の備前・美作を奪還しようという気持ちがあったとは考えにくい。特段、そうした記述をした史料も見当たらない。秀家が出家したのは、あきらめの心境あるいは自ら反省の意を表したものだろう。運よく許されれば、わずかでも所領が与えられればという気持ちだったのではないだろうか。以後の秀家は休復と称されるが、煩雑さを避けるため秀家で統一して叙述する。

秀家が在住したのは、桜島を一望できる大隅郡牛根《うしね》郷（垂水市）だった。秀家を庇護したのは、平家の落人といわれる平野氏だった。平野氏は住まいの上屋敷を秀家に譲り、自身は下屋敷へ移った。秀家の薩摩滞在が宇喜多家の旧家臣に伝わると、秀家のもとに百人ばかりの旧臣が訪問したといわれている。島津氏は、訪れた秀家の旧臣らも庇護したという。いずれにしても、この段階の島津氏は秀家や家臣を喜んで迎えたようである。

秀家が薩摩国牛根に滞在したことは、年未詳ながら「難波経之詠草案」に記録が残っている（『難波文書』）。この史料は五月十三日の日付があり、家康から赦免されるか否かが話題になっているので、慶長八年（一六〇三）の史料と考えられる。この頃、幕府と島津氏は水面下で、秀家の処遇をめぐって交渉を行っていた。後述のとおり、島津氏は徳川家と和睦をすべく、交渉を行っていたのである。

難波氏は宇喜多氏の家臣の一人で、秀家が八丈島に流されたのち、備前国西大寺（岡山市東区）から舟に乗り、秀家との面会を果たしたことで知られている。秀家は難波氏と心が通じたようで、何とか家康から赦免されたいことも記している（『難波文書』）。先に真田昌幸の流罪についてて触れたが、昌幸も同じように赦免を願っていた。しかし、そうした秀家の淡い期待は、無残にも打ち砕かれる。

なる。

†逃亡生活の終わり

　秀家は曲がりなりにも平穏無事に薩摩で過ごしていたが、その生活も終わりを迎えることになる。

　慶長七年四月、家康と島津は和解し、島津氏には薩摩・大隅および日向の諸郡が安堵された。同年十二月、島津忠恒は山城伏見（京都市伏見区）で徳川家康に謁見し、本領安堵のお礼を申し述べた。つまり、これまで微妙な関係にあった家康と島津氏は、ようやく正式な和解へ至ったのである。実は、家康と忠恒が面会した際、すでに秀家の赦免の話が出ていたのは興味深い。和解に際して、秀家の処遇が問題となったのだろう。家康からすれば、戦場から離脱し逃亡した秀家について、何ら処分が終わっていなかった。

　慶長八年以降、島津氏と徳川方との間では、秀家の処遇をめぐって交渉の場が本格的に持たれた。秀家の薩摩滞在が明らかになった以上、西軍の首謀者の一人である秀家の責任は、当然問われることになった。こうした状況のなかで、島津氏は積極的に秀家の助命嘆願に動いたのである。

　慶長八年八月、島津氏は家臣の山口直友と和久甚兵衛を本多正信のもとに遣わし、秀家を上洛させる件について、助命を条件とする嘆願を行おうと考えた（『島津家覚書』）。もはや秀家の問題は放置することができず、少なくとも身柄は引き渡さねばならなかった。その際の最低条件として、秀家の命だけは救おうとしたのである。

†秀家の上洛

同年八月六日、秀家は桂太郎兵衛と僧の正興寺文之《しょうこうじぶんし》の二人に供をされて、薩摩を出発し京都伏見を目指した。まだ、この時点で秀家の処分は決定していない。到着したのは、三週間後の同月二十七日のことだった。この間も、島津氏による秀家の助命嘆願運動は、各方面で進められていた。

慶長八年に推定される八月二十日付の島津忠恒書状《ただつねしょじょう》は、徳川家康に重用された臨済宗相国寺の僧侶・西笑承兌に宛てられたものである（『前田文書』）。その書状の内容は、おおむね次のようになろう。

島津氏は不意に薩摩へ逃亡した秀家を匿ったが、詫び言をもって公儀（＝徳川家）に披露することになった。秀家の罪は逃れがたいことであるが、「（家康の）広大な御慈悲」によって、遠島・遠国に配流になっても、秀家の助命をお願いしたいというものである。なんとか死罪だけは回避してほしいという要望だった。

正直なところ、島津氏がここまでして秀家の助命運動をした理由は不明である。明快な理由は、特に書かれてない。

駿河国に流された秀家

同年九月、島津氏の赦免運動が功を奏し、秀家は駿河国久能《くのう》（静岡市駿河区）に流されることになった（『島津家文書』）。秀家が久能に流されたというのは、家康の目の届くところに置きたかったからだろう。秀家が駿河国久能において、どのような生活を送ったのかはほとんどわかっていない。

当初、秀家は「奥州の果て」にでも流されるかと心配していたと伝わるが、意外にも近い場所で安心した様子がうかがえる。秀家にとって、奥州は辺境の地であった。死罪や奥州配流と比較すると、家康の処分は寛大な措置であったといえる。しかし、これで秀家の処分は終わったのではなかった。

ところで、この書状には秀家が死罪を免れたことは、島津氏の手柄であると記されている。同様に、一連の秀家の赦免運動に尽力した山口直友は、秀家の命が助かったことで、島津氏の面目が保たれたと書いている（『薩藩旧記』）。いったいこれは、どういうことを意味するのだろうか。

関ヶ原合戦後、島津氏は何とか本国に帰還することができたが、権威の失墜は免れ得なかったに違いない。そこへ、突然身を寄せたのが秀家であった。過去の経緯を見ると、西軍の首謀者である石田三成、小西行長、安国寺恵瓊《あんこくじえけい》は斬首されている。ほかの西軍の面々も改易などの厳しい処分を受けていた。普通に考えると、宇喜多氏は西軍の事実上の指揮者であり、死罪は免れ得ないはずだ。

†助命嘆願の真相

島津氏は徳川方との和解により、本領を安堵された。しかし、匿った秀家が死罪になれば、それが権威の失墜に繫がったのではないだろうか。それゆえに命を賭して（という島津氏側の表現）、秀家の助命嘆願運動を展開したと考えられる。つまり、島津氏にとって秀家の命を助けてもらうことは、家のメンツであった。

徳川方としても、必要以上に島津氏を刺激したくないので、止むを得ず秀家の助命を受け入れたと推測される。理由はほかにも考えられる。いうまでもないが、秀家の妻・豪姫は前田利家の娘であった。そのような事情から、利家の子息・利長への配慮があった可能性もある（『徳川実紀』）。秀家の赦免は、徳川方の政治的な判断でもあったのだ。

家康が秀家を駿河国久能に送り込んだのは、最初から八丈島に流すためだったという説もある（『板坂卜斎覚書《いたさかぼくさいおぼえがき》』）。しかし、実際に八丈島に流したのは三年後のことなので、当初からの計画であったとは考えにくい。ただ、家康は島津氏と約束をしたので、さすがに秀家を騙し打ちのごとく殺害まではしなかった。

結果として、家康は秀家を八丈島という遠方に配流し、再起の目を摘み取ったのである。それが徳川方の精一杯の手段であった。

†秀家の八丈島配流

慶長十一年（一六〇六）四月、いよいよ秀家は八丈島へ配流された。秀家は駿河国久能で幽閉生活を送って、すでに三年が経過していたのであるが、配流までに三年を要した理由は判然としていない。八丈島は「流人の島」であるといわれるが、実はその第一号が宇喜多秀家なのである。それまでは、「流人の島」という位置付けではなかった。

駿河国久能から八丈島までは、直線距離で約二百五十キロもある。当時の航海術をもってしても、無事にたどり着くには相当な困難が伴ったはずである。八丈島は周囲約五十九キロ、面積約七十一平方キロの小島にしか過ぎない。今でこそ航空機などによる人や物資の往来が可能であるが、当時の状況は不便どころのレベルではなかった。

秀家に同行したのは、二人の子息の秀高、秀継や従者を含め、わずか計十三名に過ぎなかった（『八丈島記事』など）。紀州九度山に流された真田昌幸の例と同じく、極めて少人数だったのである。かつて、大名として備前・美作を領有した秀家にとっては、非常に寂しい陣容だったといえよう。

秀家が八丈島に送られた際、渡邊織部《わたなべおりべ》という者も同行して送り届けた。その船中において、秀家は書写した『和漢朗詠集』(藤原公任《きんとう》が漢詩・漢文・和歌を集めた詩文集)を渡邊織部に贈ったという(『譜牒餘録後編《ふちようよろく》』)。秀家は『和漢朗詠集』を渡邊織部に託し、今生の別れとしたのであろうか。

†進藤三左衛門の忠孝ばなし

秀家らが生活を送ったのは、大賀郷(八丈町大賀郷)というところだった。大賀郷は八丈島の中央部に位置し、現在の八重根漁港から一キロほど内陸に位置する。秀家の墓は大賀郷にあり、東京都の文化財に指定されているほどだ。大賀郷は海辺からも近かったので、当時の八丈島の中心地だったのだろう。

ところで、当時の八丈島は主食となる米の収穫ができず、食糧事情の大変厳しい場所でもあった。海産物は豊富であったかもしれないが、少なからず豊かな生活を享受していた秀家たちにとって、八丈島の食糧事情や生活は想像を絶する大変厳しいものがあったと推測される。食糧だけでなく、その他の日常品も事欠いていただろう。それゆえ、秀家の生命線となるのは、本土の前田家や旧家臣らからの仕送りだった。

年未詳であるが、秀家は旧家臣の進藤三左衛門に書状を送っている(『進藤文書』)。秀家は米二俵を届けてくれたことについて、進藤氏に丁重なお礼の言葉を述べている。米二俵といえば、約百二十キロである。当時の人は味付けの濃いおかずを食し、米を大量に搔きこんでいたので、ありがたい仕送りだった。しかし、米二俵を一日に一升(約一・八キロ)食べたとしたら、百日分にも満たない分量であることに注意すべきである。

進藤氏には秀家が薩摩に逃亡した際、家康に「秀家は自害した」と虚偽の申告をしたという逸話がある。わざわざ宇喜多家の名刀「鳥飼国次」を準備していたほどだ。その嘘は露見するのであるが、かえって家康は進藤氏の忠孝を称え、旗本として取り立て五千石を与えたというのである。ただ、この逸話は史実ではない可能性が高い。

先述のとおり、島の生活では米の入手に大きな困難が伴ったので、秀家にとって仕送りは誠にありがたいことであった。秀家はお礼の言葉に続けて、島の生活での心細さや老病を患ったことや、病により臥せていることも切々と書き綴っている。秀家は島の生活になかなか慣れず、ついには病になったのだろうと考えられる。

†酒をめぐまれた秀家

秀家には、お酒に関するエピソードがある。『明良洪範《めいりようこうはん》』(江戸中期成立の逸話・見聞集)によると、あるとき福島正則の酒を積んだ船が難破し、八丈島に漂着することがあった。以下、概要に触れることにしよう。

福島氏の家士が八丈島に上陸したところ、見知らぬ四十歳くらいの男が声を掛けてきた。その男は「なぜこんな所にいるのか」と福島氏の家士に話しかけると、やがて酒を積荷としていることを知ったのか、分けてくれるように懇願した。男が言うには「一杯の酒を傾ければ、今の憂さを晴らし、故郷の恋しさも忘れることができるだろう」とのことだった。流人であったことをうかがわせる言葉だ。

実は、その男の正体とは、秀家その人であった。福島氏の家士は秀家のことを大変に憐れみ、酒一樽に干魚を添えて贈ったという。帰国後、家士は無断で秀家に酒を分けたことについて、主君の福島正則から咎められることを恐れた。しかし、かえって正則からその行いを褒められたと伝わっている。

†人恋しい秀家

『黄微古簡集』には、備前船が八丈島へ漂着した際のエピソードが載せられている。

八十余歳になった秀家は、備前からの船が八丈島に漂着したと聞き、懐かしさの余り船の人物に声をかけた。その質問内容とは、「今の備前では、誰が統治をしているのか」というものだった。船の人物はおそらく妙な質問だと思ったに違いないが、「松平新太郎である」と答えた。家康が天下を握って以降、徳川家から「松平姓」を与えられた大名がおり、池田氏もその一人だった。

秀家は「松平といってもたくさんいるが、本姓は何か」と再び問うた。船の人物が「池田である」と答えると、秀家は「それは輝政の孫か曽孫ではないか」と述べている。備前を離れて五十年近く経っていたが、秀家はふるさとの備前のことが気になっていたのであろう。秀家の長命ぶりを際立たせるようなエピソードである。似たような逸話は、『常山紀談《じょうざんきだん》』にも紹介されている。

†秀家に仕送りした旧家臣

かつての秀家の家臣である花房氏も、八丈島に仕送りをしていた一人として知られている(『花房文書』)。

関ヶ原合戦直前の慶長四年末から同五年のはじめにかけて、先述の宇喜多騒動が勃発した。

宇喜多騒動とは、秀家が新参の中村次郎兵衛を登用したため、譜代の重臣たちが反発し、次郎兵衛を襲撃した事件である。原因については諸説あるが、これにより宇喜多氏の重臣は宇喜多家中を去り、宇喜多氏家臣団は崩壊の危機に陥った。

騒動の際、花房氏は秀家と袂を分かち、宇喜多家中を去った人物である。関ヶ原合戦では、東軍に与した。合戦から二年後、花房氏は備中国猿掛（岡山県倉敷市）に五千石を与えられ、徳川家に仕えた。

花房氏が秀家に仕送りをした理由はあまりわからないが、一度は袂を分かったとはいえ、秀家に対する思慕の念があったからだろう。先の進藤氏と同じく、ほかの旧臣たちも八丈島の秀家に仕送りを行っていた。秀家は花房氏の好意に対して、希望する品物のリストを送っていた様子がうかがえる。

後世の編纂物である『落穂集《おちぼしゅう》』（徳川家康の伝記などの史料）によると、秀家は赦免を願い、本土への帰国を願っていたようである。あまりの空腹に耐えかねたのか、秀家は「米の飯を腹一杯食べて死にたい」と述べたという。八丈島では米が収穫できなかったので、あながち嘘とは否定しがたい話かもしれない。

同書は後世の編纂物ではあるが、事実の一端を物語っているのではないだろうか。この言葉を伝え聞いた花房氏は目に涙を溜め、幕府に申し出て白米二十俵（約千二百キロ）を秀家のもとに送ったという。二十俵とは、相当な分量である。花房氏はかつての主の窮状を知り、助けずにはいられなかったのだろう。

代官に遠慮する秀家

八丈島に流された秀家には、自分が罪人であるという意識があったらしく、次のようなエピソードも伝わっている（『浮田秀家記』）。

あるとき、秀家は八丈島の代官谷庄兵衛に招かれ、食事を共にする機会があった。しかし、秀家は食事に手を付けることなく、突然箸を下ろした。食事に事欠いていた秀家にとっては、誠にありがたいことだったので、不可解な行動だった。

「なぜ？」と理由を問う谷に対して、秀家は次のように答えた。つまり、自分は勘気を蒙った者であるため、代官と同じ膳をいただくことは憚られるのではないか、という懸念を示したのである。かつて秀家は大名であったが、今は八丈島の流人である。ふと秀家は、そのことを悟ったのだろう。

さらに、秀家は懐から古い手拭を取り出し、膳の食べ物を包みだした。驚いた谷が再び理由を尋ねると、秀家は「このように豪華な食事は、この島で見たことがないので、妻子に食べさせてやりたい」と答えたのである。秀家の優しさが伝わるとともに、八丈島では粗末な食生活を送っていたことがわかる逸話である。代官の谷は、この言葉を聞いて哀れに思い、同じ膳を妻子のために用意したという。

秀家は八丈島に来てから、新たに妻子を持っていたという。ちなみに、秀家と豪姫とは細やかな愛情で結ばれていたが、このときすでに二人は決別した状況にあった。もはや一緒に生活できる可能性もないので、秀家は現地で妻を娶ったと考えられる。江戸時代の流人は、現地で妻を娶ることがあった。

右の逸話のすべてが事実であるかどうかは別として、秀家が食事にも事欠く状況を伝えており興味深い。なお、同様の逸話は、『兵家茶話《へいかちゃわ》』にも書かれている。

†加賀前田氏と宇喜多氏の関係

八丈島へ流罪後の秀家にとって、もっとも重要なのは、妻・豪姫の実家である加賀藩前田家との関係である。前田家からすれば、秀家は謀反人にしか過ぎなかったが、豪姫との関係もあり、見放すわけにはいかなかったようだ。それゆえ幕府の許可を得て、定期的に仕送りをしていたのであろう。以降、前田家からの宇喜多家に対する支援は、秀家没後の子孫に対しても続けられたのである。

毎年、前田家から八丈島の宇喜多氏に対して、様々な物品が贈られていた（『越登賀三州志《えつとがさんしゅうし》』）。

そこには、薬、剃刀《かみそり》、布地、扇子等の生活物資がびっしりと記されている。当時の八丈島は貧しい島だったので、さまざまな生活物資に事欠き、秀家は援助なしには生活が厳しかったと推測される。当時は海路で物資を運んだのであるが、ときに船が難破して届かなかったこともあったに違いない。

『甲子夜話《かっしやわ》三編』には、どのような縁があるのか不明としながらも、浅野幸長からの援助があったとも伝えている。ここまで挙げた例は、主に家臣や縁者を中心にして挙げたが、ほかにも援助の手はあったのかもしれない。

非常に残念なのは、秀家の生活ぶりを伝える一次史料が非常に乏しいことである。この点は、今後の課題ともいえる。

なお、秀家死後の前田家と宇喜多氏との関係は、後述することとしよう。

†秀家と子息の死

秀家が八丈島へ流されたのは、慶長十一年(一六〇六)の三十五歳のときであった。以来本土へ戻ることなく、秀家は厳しい生活に耐え忍んできた。秀家は赦免を乞うたかもしれないが、それは許されなかった。

明暦元年(一六五五)十一月二十日、ついに秀家は亡くなった。享年八十四。死因は病死とだけあり、病名は不明である（『流人御赦免 并《ならびに》 死亡帳』）。『南方海島志』には、法名として「尊光院秀月久復居士」と記されている。

秀家が病に苦しんでいたことはすでに触れたが、意外なほど長命であったことがうかがえる。何より秀家の八丈島での生活は、本土での生活期間よりも長くなっていた。墓は、長らく秀家が生活基盤とした大賀郷に築かれた。いずれにしても、秀家の死を伝える史料は編纂物ばかりで、詳しい状況は不明である。

八丈島では、秀家の二人の子息秀高・秀継も亡くなった。

長男の秀高は、天正十九年（一五九一）の誕生。慶長二年（一五九七）、七歳のときには従四位下・侍従となり、豊臣姓を賜っている。そのまま栄達を続ければ、父の秀家を凌ぐような立場になっていたかもしれない。八丈島に流されたのは十六歳のときだったので、かつての宇喜多氏の隆盛を知っていたことだろう。

秀高が亡くなったのは父よりも早く、慶安六年（一六四八）八月十八日のことであった。享年五十八。法名は秀光院殿運照居士である。なお、秀高は八丈島代官である奥山縫殿助《ぬいのすけ》の娘を娶っており、幸いなことに子孫を残すことができた。ただ、幸か不幸か、子孫は幕末維新期まで本土への帰還は許されなかった。

弟の秀継は慶長三年（一五九八）に生まれ、八丈島に流されたときは、わずか九歳の子供のときだった。したがって、秀継は少なくとも宇喜多家の栄光を知らないまま成長し、物心がついたときには、八丈島の記憶しかなかったかもしれない。

秀継が亡くなったのは、父の死の二年後である明暦三年（一六五七）二月五日。享年六十。法名は秀源院殿浄雲居士である。秀継にも妻がおり、子孫を残している。秀継の子孫も、幕末維新期まで本土への帰還は許されなかった。

こうして秀家やその子息が亡くなることにより、備前・美作時代を知る宇喜多一族は、ついにいなくなったのである。

†秀家の娘と妻・豪姫の死

では、妻や娘は、その後どうなったのだろうか。秀家の娘は、伏見宮定清のもとに嫁いでいたことがわかっている（『慶長日件録』など）。名前は、先勝院《せんしょういん》といわれている。その子女のなかには、徳川家綱に嫁いだ娘もいた。生涯には不明な点も多いが、幸せな一生を送ることができたのではないだろうか。

また、もう一人の秀家の娘・理松院《りしょういん》は二度の結婚（夫は山崎長卿・富田重家）に破れるなど、薄幸であったといってもよいだろう。関ヶ原合戦後、理松院は前田家を頼り加賀に下ったが、元和元年（一六一五）十月八日に亡くなっている（『公女伝』）。墓所は、金沢市内の妙泰寺《みょうたいじ》にある。

秀家の妻・豪姫は、関ヶ原合戦後に秀家と別れ別れになり、加賀藩前田家に身を寄せていた。加賀藩からは化粧料（女性に与えられた一期分の所領）として、千五百石を与えられている。そして、再婚することなく、残りの生涯を独身として通した。豪姫がいたからこそ、秀家は前田家の仕送りを受けることができた。

豪姫が亡くなったのは、寛永十一年（一六三四）五月二十二日のことである（『前田家譜』）。享年六十一。法名は樹正院《じゅしょういん》である。位牌所は、金沢市内にある浄土宗大蓮寺に設けられ、境内には秀家の供養塔もある。

豪姫の死は、おそらく八丈島の秀家にも伝えられたはずである。夫の秀家と離れた豪姫の晩年は、きっと寂しかったに違いない。

†続く前田家の援助

秀家没後の宇喜多氏は、いったいどうなったのだろうか。宇喜多家は窮乏生活を送っていたにも関わらず、のちに十二家に分かれたという。そして、やがては八丈島の流人頭を務めるようになった。流人頭とは、流人を統率・管理する役割だろう。大名としては失脚したものの、皮肉なことに八丈島では繁栄を築いたのだ。

なお、秀家没後の宇喜多家では本来の「宇喜多」姓を名乗らず、同じ読み方の「浮田」姓を用いるようになった（煩雑になるので、以降も宇喜多で統一）。かつての「浮田」姓は、秀家が登用した家臣に与えた姓であった。

秀家没後も宇喜多家の厳しい生活を支えたのは、加賀藩前田家の仕送りであった。秀家が亡くなったとはいえ、仕送りだけは続けていたのである。特に、宇喜多家の支援に力を入れたのは、第五代加賀藩主の前田綱紀《つなのり》であった。以下、前田家による、秀家没後の宇喜多家への援助を取り上げよう。

天和元年（一六八一）五月、前田家は八丈島の宇喜多太郎助（秀家の長男・秀高の子）に対し、物品を送る許可を幕府から得ている（『葛巻昌興日記《くずまきまさおき》』）。家格が高い前田家とはいえ、未だ罪人の扱いを受けている宇喜多氏の子孫に物品を送り届けるのには、幕府の許可が必要だったのである。

八丈島に仕送りする際は、伊豆国代官の伊奈氏を通して行われていた。宇喜多氏が物品を受領した旨も、伊奈氏から加賀藩に報告された。宇喜多氏の一族が配流されて相当な年月が流れているが、流人であるがゆえ完全な監視下にあったのだ。前田家のおかげで、宇喜多氏はその命脈を保ったのである。

†飢饉のときの対応

前田家から仕送りがあったとはいえ、決して宇喜多家は安泰ではなかった。一番の大敵は、天候不順による大飢饉である。八丈島は平時でも食糧の状況が悪く、飢饉のとき最悪だったに違いない。

元禄六年(一六九三)に八丈島は大飢饉となり、雑穀ですら生育しない厳しい状況に陥った(『重輯雑談《じゅうしゅうざつだん》』)。幕府は飢饉への対応として、御嘆米として千石(約百八十トン)を八丈島に援助している。加賀藩では毎年宇喜多氏に物品を送っていたが、飢饉に際しては宇喜多氏から追加で米を四十石(約七・二トン)送ってほしいと懇願された。加賀藩ではいろいろと苦慮しながら、何とかして半分の米二十石(約三・六トン)を送ったと記録されている。かなりの分量であるが、これは宇喜多一族のみならず、雇っていた家人の分も含まれていたに違いない。

元禄十四年(一七〇一)、宇喜多氏連署の書状が加賀藩に届き、「八丈島は打ち続く不作により困窮している」との報告の一文が書かれている(『前田貞親日記』)。「不作による困窮」の一文は、暗にさらに仕送りを要求したかったのだろう。この年は加賀藩から白米六十俵(約三・六トン)が八丈島に届いたので、宇喜多氏の子孫はたしかに受け取ったことを報告し、感謝の意を申し述べている。

このように、八丈島の飢饉や不作によって、仕送りの追加の要請があったことは、享保三年（一六九〇）にも確認することができる（『政隣記《せいりんき》』）。つまり、飢饉などが起こったときは、前田家を頼るのが当たり前になっていたようだ。

以降、加賀藩は幕府の許可を得て、だいたい七十俵（約四・二トン）の米を隔年で宇喜多氏に送ったようである（『内藤耻叟《ちそう》所蔵文書』）。しかし、八丈島は食糧など物資がいつでも乏しかったので、かえってほかの島民よりも生活は豊かだったのかもしれない。宇喜多氏の特権でもあったようだ。

†多種多様な仕送りの品

ここで、享保三年（一六九〇）の記録により、送られた加賀藩から物品をあらためて確認すると、実に多種多様なものであったことがわかる（『続漸得《ぜんとく》雑記』）。例を挙げておくと、絹、布地、剃刀、薬、茶などがある。この五つの品は、現地では得がたい貴重な物資だったのではないだろうか。いずれも宇喜多氏が希望して、加賀藩から送ってもらったと考えられる。ただ、もっとも重要だったのは、同時に送られた主食となる米七十俵だったに違いない。

しかし、当時は海上交通には危険が伴ったため、宇喜多氏へ届ける物品が難船することもあったらしい（『前田定直《さだなお》筆記』）。

元文元年（一七三六）十月、宇喜多氏への届け物を積んだ船は難船し、新島に流れ着いたという。残念ながら積荷は、残らず流れ出してしまった。宇喜多氏の落胆ぶりは、想像するにあまりあるところだ。この後で、再び加賀藩が宇喜多氏に仕送りを送ったのか不明である。

†宇喜多氏、江戸に帰る

八丈島に流された流人第一号の宇喜多秀家以降、多くの罪人が八丈島へ流されたが、なかには赦免されて本土に戻る者もいた。しかし、宇喜多氏の場合は、関ヶ原合戦の首謀者であるという理由からか、ついに許されることはなかった。

明治維新後の明治元年（一八六八）五月の段階に至っても、加賀藩は八丈島の宇喜多氏に米を送っていることを確認できる（『太政類典』）。明治維新後における流罪の扱いは後述するが、江戸幕府が崩壊しても、宇喜多氏はすぐに赦免されなかったのだ。

ようやく宇喜多氏の一族が赦免され、本土へ戻ることが許されたのは、明治になってから約一年余りも経過してからだった。時間がかかった理由は推測するしかないが、江戸幕府崩壊後の混乱は大きく、すぐに流人たちの対応まで手が回らなかったのだろう。

ただし、本土へ全員が戻ることを許可されたわけではない。すでに二十家に膨らんでいた宇喜多氏一族のうち、本土への帰還を許可されたのはわずか七家だけだった。その理由については、残念なことに詳《つまび》らかではない。おそらく一度に全員を許可するのは、憚られるところがあったのかもしれない。

「御一新以来御達」から始まる関係史料によると、八丈島流人である宇喜多孫九郎、忠平、半平、次郎吉、小平太、半六、半七の七名については、旧加賀藩前田家で引き取ることが記されている（『御沙汰書』）。宇喜多家の本土帰還に際しては、前田家が身元引受人のような形になったと考えられる。

前田家が引き取ることになったのは、秀家の配流から約二百七十年もの縁（八丈島への仕送りを含め）がもたらしたものと考えられる。加賀藩は、最後の最後まで宇喜多氏の面倒を見なくてならなかったようだ。

明治三年（一八七〇）、七戸七十五名が船で本土へ渡り、韮山《にらやま》県から加賀藩へと身柄が引き渡された（『加賀藩公用人伺書』）。しかし、渡航の途中で三人は病死したらしく、その事実が記録されている（『太政類典』）。本土を見ることなく亡くなったことは、あまりに無念なことだった。なお、帰還した宇喜多氏の身分は、平民であった。

†その後の宇喜多氏の運命

宇喜多氏の問題は、八丈島から本土に戻ったことにより解決しなかった。というのも、本土には生活する場所などがなかったからだ。

本土へ戻った宇喜多氏は、とりあえず東京都文京区本郷にある法真寺《ほうしんじ》に寄宿した。今も法真寺は、東京大学の赤門前に存在する。ただし、宇喜多氏の形跡をうかがえるものは何も残っていない。むしろ、樋口一葉ゆかりの寺といったほうがよいかもしれない。

宇喜多氏はいつまでも法真寺に寄宿するわけにはいかず、新天地を求めねばならなかった。そのためには、やはり加賀藩の助力を得ることになった。

宇喜多家にはかつて加賀藩前田邸のあった土地（東京都板橋区平尾）が与えられ、宇喜多氏が開墾して住むことになった。その一帯は加賀藩前田家の下屋敷があり、広大な敷地を誇っていた。坪数にして約三万坪もある広大な敷地は、大蔵省から東京府に割譲が交渉され、かつて前田家が治めていた金沢県も関与していた。

前田家は、すでに加賀出身の小松了従《りようじゆう》に命じて屋敷跡の開拓をさせていた。そのような事情もあって、小松氏に宇喜多氏らの世話をさせた。宇喜多氏を受け入れた小松氏は、屋敷跡の開拓に彼らを従事させたのである。

ところが、相前後して下屋敷跡は政府に没収され、東京府の管理下に置かれる。思いがけない不幸である。この困難に屈することなく、小松氏はその一部を宇喜多氏に与えようと、熱心に働きかけていた（『加賀下屋敷跡払下文書』）。そこには、言いしれない苦労があったはずである。

明治五年（一八七二）、小松氏の献身的な尽力により、宇喜多氏は政府から板橋区の土地約二万坪と千五百円を与えられ、生活の手立てを得ることができた。宇喜多氏の一族はそれを全員で分割し、今後の生活費に充てることにしたのである。宇喜多氏には、安泰の日々が約束されたのであった。

†散り散りになった宇喜多氏

こうして宇喜多氏は生活の安定を得たものの、決して平穏無事に生活を送ったわけではなかった。宇喜多氏一族のなかには、どうしても東京での生活になじめず、土地を売り払い八丈島へ帰島する者もあったという。宇喜多氏がわざわざ本土を離れ、長年住みなれた八丈島へ戻らざるを得なくなったというのは、誠に皮肉な話である。

やがて、宇喜多氏の一族は、秀家の供養塔を建立した。それが、東光寺《とうこうじ》（板橋区）に建てられた、秀家の供養塔である。東光寺も前田家と関係の深い寺院だった。もともと秀家の供養塔は、今の板橋税務署付近にあった。ところが、のちに実施された区画整理により、昭和三十年代に東光寺に移されたという。

東光寺は浄土宗寺院であり、十五世紀末期に建立されたという。延宝七年（一六七九）の前田家下屋敷の建設とともに現在地に移転し、その後の区画整理などにより、規模を縮小しながら現在に至っている。

結局、宇喜多氏の一族は次々と下屋敷跡を離れ、散り散りになった。残念ながら、今となっては板橋区に宇喜多氏の関連する史跡は、ほとんど残っていない。宇喜多氏は数ある流人たちのなかで、その経緯を長期間にわたりたどることができる、ほぼ唯一の存在かもしれない。宇喜多一族の流転の運命は、大変興味深いといえる。

†近代国家発足後の流罪

宇喜多氏の話を先に進めたこともあり、近代以降の流刑に関する説明が前後したが、明治政府発足後の展開について解説しておこう。

慶応三年（一八六七）に江戸幕府の最後の将軍・徳川慶喜が大政奉還をすると、政権は朝廷のもとに戻ってきた。翌年、明治政府が成立する。日本における近代国家の幕開けであった。明治政府は新たに刑法を制定し、流罪の扱いも変わったはずである。では、明治政府の誕生により、流罪はどのように扱われたのだろうか。

明治元年（一八六八）、明治政府は最初の刑法である仮刑律《かりけいりつ》を制定した。しかし、仮刑律は政府部内における準則であり、刑事行刑方針を示したに過ぎなかった。ゆえに全国的な施行はもちろんのこと、一般に公布されることもなかった。「仮」という言葉が、そうした事実の一端を物語っているといえよう。仮刑律では、流刑が遠・中・近流の三等、のちに三年・五年・七年の三等に定められた。

二年後の明治三年には、新律綱領《しんりつこうりょう》が制定された。新律綱領は西洋法の影響を受けておらず、未だに中国や日本の古来の法を継承していた。したがって、刑としては笞、杖、徒、流、死を規定し、閏刑《じゅんけい》を継承している。閏刑とは、武士や僧侶、女性、老人、子供、身体障がい者には寛大な処罰で済ませることである。新律綱領では、一年・一年半・二年の三等の流刑が規定されている。

いずれにしても、流罪に処せられた人の流刑地は、北海道だった。北海道に集中したのは、全国的に監獄が不足していたからであった。しかも単に監獄に収監されるのではなく、強制労働が科せられたのである。つまり、流人は労働力として期待されていた。江戸時代には労働を科せられなかったので、大きな変化である。

当時、北海道は未開の地であり、安価な労働力である流刑囚を道路の建設、炭鉱や硫黄鉱の採掘に従事させた。流刑囚は集治監《しゅうじかん》という牢屋に入れられ、北海道開拓に駆り出されたのである。監視は二十四時間体制で行われ、自由はなかったが、食糧は支給されていた。刑が終わると、その地の戸籍に編入された。

明治十五年、旧刑法が施行された。旧刑法では北海道に送る刑として、徒刑と流刑があった。徒刑は非国事犯（政治犯以外の者）が該当し、強制労働に従事させられた。流刑は国事犯（政治犯）にだけ適用され、強制労働はなく獄舎に入れられた。刑期は、十二年以上、十五年以内の有期刑か無期刑があった。

明治四十一年に現行の刑法が施行された。これにより、流罪は消滅する。全国に監獄が作られ、わざわざ北海道だけに送り込む必要がなくなったことも一因である。ここに、千五百年近い歴史を持つ流罪は終焉を迎えたのである。

おわりに

「流罪とは何だろうか?」。これが本書を執筆する動機となった。冒頭で記したとおり、江戸時代になると関連史料がたくさんあり、数多くの事例が紹介されるとともに、研究実績も豊富である。しかし、戦国・織豊期以前は「某が流された」という事実は記録されていても、あまり詳しいことはわかっていない。

本書ではできるだけ多くの事例を取り上げるようにし、時代の変遷とともに流罪がいかに変容していくのかを追究した。対象も天皇や大名、宗教者など、できるだけ多くの身分の人を取り上げ、何らかの差異があるのかも考えてみた。結果は本書に執筆したとおりであるが、時代や身分によって、流罪の形も徐々に変化を遂げることがわかった。

ただ、誠に残念なのは、多くの場合、一次史料によって流罪となった人々の生活を調べることが極めて困難だったことである。彼がどのような心境でいたのかなどは、後世の編纂物や文学作品などでしかわからなかった。これは史料の残存度の問題があり止むを得ないが、今後の課題としておきたいと思う。

現代では情報網や流通網が発達し、東京のような大都会であっても、地方であってもさほど不便さはないはずである。しかし、前近代（特に織豊期以前）においては、都市部の繁栄と地方とでは大きな格差があったはずである。武家、公家、僧侶は京都などの都会で豊かな生活を送っていたが、自らが流罪となったときは、あまりのことに落胆したに違いない。「一刻も早く故郷に帰りたい」という心情は、流人すべてに共通したものではなかっただろうか。

本書を成すにあたっては、松本良次氏に編集をご担当いただいた。「流罪で日本史を」というテーマを与えてくださったのも松本氏である。この場を借りて、厚くお礼を申しあげる次第である。しかし、松本氏には早く脱稿することを約束しながらも、個人的な理由から大幅に執筆が遅れ、大変お待たせしてしまった。辛抱強くお待ちいただいたことに感謝し、あわせて深くお詫びを申し上げたい。

本書の執筆に際しては、巻末に掲出した多くの研究を参照させていただいた。しかし、一般書という性格もあり、読みやすさを重視したため、学術論文のように出典などを逐一明示しているわけではない。その点をご海容いただくとともに、数々の先行研究には改めて敬意と感謝の意を表したい。

二〇一七年八月

渡邊　大門

主要参考文献

参考文献をすべて網羅すると大変な分量になるので、できるだけ一般的で入手しやすいものを中心にして取り上げることにした。また、史料集についても大部になるので、割愛をさせていただいた。

●流罪・流人そのものに関するもの（著者名五〇音順）

石尾芳久『日本古代法の研究』法律文化社、一九五九年
大隈三好『江戸時代　流人の生活』雄山閣出版、一九七〇年
小石房子『流人100話』立風書房、一九八八年
重松一義『日本獄制史の研究』吉川弘文館、二〇〇五年
重松一義『日本流人島史　その多様性と刑罰の時代的特性』不二出版、二〇一一年
利光三津夫「流罪考」同『律令制の研究』慶応義塾大学法学研究会、一九八一年
「特集　流人の文学」『國文學　解釈と教材の研究』五四―四、二〇〇九年
「流人と旅人の日本海」『国文学解釈と鑑賞』六九―一一、二〇〇四年

●人物や個別の事件などに関するもの（人物、事件の登場順）

平あゆみ「石上乙麻呂配流事件について　橘諸兄政権成立期に於ける物部系氏宗権」『政治経済史学』二八四号、一九八九年
木本好信「淡路廃帝（淳仁天皇）とその政治事情などについて」甲子園短期大学文化情報学科編『兵庫県の文化と情報　甲子園短大発　メディア・IT・言語・歴史』神戸新聞総合出版センター、二〇〇七年

山田雄司『怨霊とは何か　菅原道真・平将門・崇徳院』中公新書、二〇一四年
野口実「流人の周辺　―源頼朝挙兵再考―」安田元久先生退任記念論集刊行委員会編『中世日本の諸相（上）』吉川弘文館、一九八九年
細川重男『頼朝の武士団　将軍・御家人たちと本拠地・鎌倉』洋泉社・歴史新書y、二〇一二年
保立道久「院政期東国と流人・源頼朝の位置」『中世の国土高権と天皇・武家』校倉書房、二〇一五年
川合康「「鹿ケ谷事件」考」立命館大学人文学会編『杉橋隆夫教授退職記念論集』立命館大学人文学会、二〇一二年
谷口広之「鬼界島流人譚の成立　俊寛有王説話をめぐって」『同志社国文学』一五号、一九八〇年
五味文彦『後鳥羽上皇　新古今集はなにを語るか』角川選書、二〇一二年
鈴木彰ほか編『後鳥羽院のすべて』新人物往来社、二〇〇九年
関幸彦『敗者の日本史6　承久の乱と後鳥羽院』吉川弘文館、二〇一二年
松尾剛次『知られざる親鸞』平凡社新書、二〇一二年
平松令三『親鸞』吉川弘文館、一九九八年
赤松俊秀『親鸞』吉川弘文館、一九六一年
中尾尭『日蓮』吉川弘文館、二〇〇一年
大野達之助『日蓮』吉川弘文館、一九五八年
井上宗雄『京極為兼』吉川弘文館、二〇〇六年
今谷明『京極為兼』ミネルヴァ書房、二〇〇三年
森茂暁『建武政権　後醍醐天皇の時代』講談社学術文庫、二〇一二年。初刊一九八〇年
森茂暁『後醍醐天皇　南北朝動乱を彩った覇王』中公新書、二〇〇〇年
橋本芳和「建武政権転覆未遂の真相　東西同時蜂起計画の信憑性（1）～（4）」『政治経済史学』五〇一

〜五〇四号、二〇〇八年
森茂暁『佐々木導誉』吉川弘文館、一九九四年
森茂暁『室町幕府崩壊　将軍義教の野望と挫折』角川選書、二〇一一年
今谷明『籤引き将軍足利義教』講談社選書メチエ、二〇〇三年
今泉淑夫『世阿弥』吉川弘文館、二〇〇九年
北川忠彦『世阿弥』中公新書、一九七二年
黒田和子『浅野長政とその時代』校倉書房、二〇〇〇年
柴裕之『徳川家康　境界の領主から天下人へ』平凡社、二〇一七年
本多隆成『定本徳川家康』吉川弘文館、二〇一〇年
芥川竜男『豊後大友一族』新人物往来社、一九九〇年
石畑匡基「宇喜多騒動の再検討——『鹿苑目録』慶長五年正月八日条の解釈をめぐって」『織豊期研究』一四号、二〇一二年
柴辻俊六『真田昌幸』吉川弘文館、一九九六年
柴辻俊六『真田幸綱・昌幸・信幸・信繁』岩田書院、二〇一五年
立石定夫『戦国宇喜多一族』新人物往来社、一九八八年
清水紘一「岡本大八事件覚書」『史料研究』一号、二〇〇四年
木村洋子「官女流罪事件（猪熊事件）の一側面」『江戸期おんな考』一〇号、一九九九年
高木昭作「出頭人本多正純の改易」『日本近世国家史の研究』岩波書店、一九九〇年。初出一九七四年
川田純之「本多正純」栃木県歴史文化研究会編『人物でみる栃木の歴史』随想舎、二〇一一年

●関係する拙著

渡邊大門『宇喜多直家・秀家』ミネルヴァ書房、二〇一一年
渡邊大門『戦国期浦上氏・宇喜多氏と地域権力』岩田書院、二〇一一年
渡邊大門『黒田官兵衛・長政の野望　もう一つの関ヶ原』角川選書、二〇一三年
渡邊大門『牢人たちの戦国時代』平凡社新書、二〇一四年
渡邊大門『真田幸村と真田丸の真実　家康が恐れた名将』光文社新書、二〇一五年

ちくま新書
1290

流《る》罪《ざい》の日本《にほん》史《し》

二〇一七年一一月一〇日　第一刷発行

著　者　渡邊大門（わたなべ・だいもん）

発行者　山野浩一

発行所　株式会社　筑摩書房
東京都台東区蔵前二－五－三　郵便番号一一一－八七五五
振替〇〇一六〇－八－四一二三

装幀者　間村俊一

印刷・製本　株式会社　精興社

乱丁・落丁本の場合は、左記宛にご送付ください。
送料小社負担でお取り替えいたします。
ご注文・お問い合わせも左記へお願いいたします。
〒三三一－八五〇七　さいたま市北区櫛引町二－六〇四
筑摩書房サービスセンター　電話〇四八－六五一－〇〇五三

ISBN978-4-480-06999-3 C0221

ちくま新書

457 昭和史の決定的瞬間　坂野潤治

日中戦争は軍国主義の後ではなく、改革の途中で始まった。生活改善の要求は、なぜ反戦の意思と結びつかなかったのか。日本の運命を変えた二年間の真相を追う。

601 法隆寺の謎を解く　武澤秀一

世界最古の木造建築物として有名な法隆寺は、創建・再建の動機を始め多くの謎に包まれている。その構造から古代史を読みとく、空間の出来事による「日本」発見。

618 百姓から見た戦国大名　黒田基樹

生存のために武器を持つ百姓。領内の安定に配慮する大名。乱世に生きた武将と庶民のパワーバランスとは――。戦国時代の権力構造と社会システムをとらえなおす。

650 未完の明治維新　坂野潤治

明治維新は〈富国・強兵・立憲主義・議会論〉の四つの目標が交錯した「武士の革命」だった。それは、どう実現されたのだろうか。史料で読みとく明治維新の新たな実像。

692 江戸の教育力　高橋敏

江戸の教育は社会に出て困らないための、「一人前」になるための教育だった！　文字教育と非文字教育が一体化した寺子屋教育の実像を第一人者が掘り起こす。

698 仕事と日本人　武田晴人

なぜ残業するのか？　勤勉は人間の美徳なのか？　江戸時代から現代までの仕事のあり方を辿り、「近代的な」労働観を超える道を探る。「仕事」の日本史２００年。

702 ヤクザと日本――近代の無頼　宮崎学

下層社会の人々が生きんがために集まり生じた近代ヤクザ。格差と貧困が社会に亀裂を走らせているいま、ヤクザの歴史が教えるものとは？

ちくま新書

713 縄文の思考　小林達雄
土器や土偶のデザイン、環状列石などの記念物は、縄文人の豊かな精神世界を語って余りある。著者自身の半世紀近い実証研究にもとづく、縄文考古学の到達点。

734 寺社勢力の中世 ——無縁・有縁・移民　伊藤正敏
最先端の技術、軍事力、経済力を持ちながら、同時に、国家の論理、有縁の絆を断ち切る中世の「無縁」所。第一次史料を駆使し、中世日本を生々しく再現する。

791 日本の深層文化　森浩一
稲と並ぶ隠れた主要穀物の「粟」。田とは異なる豊かさを提供してくれる各地の「野」。大きな魚としてのクジラ。——史料と遺跡で日本文化の豊穣な世界を探る。

841 「理科」で歴史を読みなおす　伊達宗行
歴史を動かしてきたのは、政治や経済だけではない。縄文天文学、奈良の大仏の驚くべき技術水準、万葉集の数学的センス……。「理科力」でみえてくる新しい歴史。

846 日本のナショナリズム　松本健一
戦前日本のナショナリズムはどこで道を誤ったのか。なぜ東アジアは今も一つになれないのか。近代の精神史の中に、国家間の軋轢を乗り越える思想の可能性を探る。

859 倭人伝を読みなおす　森浩一
開けた都市、文字の使用、大陸の情勢に機敏に反応する外交。——古代史の一級資料「倭人伝」を正確に読みとき、当時の活気あふれる倭の姿を浮き彫りにする。

895 伊勢神宮の謎を解く ——アマテラスと天皇の「発明」　武澤秀一
伊勢神宮をめぐる最大の謎は、誕生にいたる壮大なプロセスにある。そこにはなぜ、二つの御神体が共存するのか？神社の起源にまで立ち返りあざやかに解き明かす。

ちくま新書

933 後藤新平 ――大震災と帝都復興 越澤明
東日本大震災後の今こそ、関東大震災からの復興を指揮した後藤新平に学ばねばならない。都市計画研究の第一人者が、偉大な政治家のリーダーシップの実像に迫る。

948 日本近代史 坂野潤治
この国が革命に成功し、わずか数十年でめざましい近代化を実現しながら、やがて崩壊へと突き進まざるをえなかったのはなぜか。激動の八〇年を通観し、捉えなおす。

957 宮中からみる日本近代史 茶谷誠一
戦前の「宮中」は国家の運営について大きな力を持っていた。各国家機関の思惑から織りなされる政策決定を見直し、大日本帝国のシステムと軌跡を明快に示す。

983 昭和戦前期の政党政治 ――二大政党制はなぜ挫折したのか 筒井清忠
政友会・民政党の二大政党制はなぜ自壊したのか。軍部台頭の真の原因を探りつつ、大衆政治・劇場型政治が誕生した戦前期に、現代二大政党制の混迷の原型を探る。

1002 理想だらけの戦時下日本 井上寿一
格差・右傾化・政治不信……戦時下の社会は現代に重なる。その時、日本人は何を考え、何を望んでいたのか？体制側と国民側、両面織り交ぜながら真実を描く。

1034 大坂の非人 ――乞食・四天王寺・転びキリシタン 塚田孝
「非人」の実態は、江戸時代の身分制だけでは捉えられない。町奉行所の御用を担っていたことなど意外な事実を明らかにし、近世身分制の常識を問い直す一冊。

1036 地図で読み解く日本の戦争 竹内正浩
地理情報は権力者が独占してきた。地図によって世界観が培われ、その精度が戦争の勝敗を分ける。歴史の転換点を地図に探り、血塗られたエピソードを発掘する！

ちくま新書

1161
皇室一五〇年史
浅見雅男
岩井克己

歴代天皇を悩ませていたのは何だったのか。皇位継承、宮家消滅、結婚トラブル、財政問題――様々な確執やスキャンダルを交え、近現代の皇室の真の姿を描き出す。

1184
昭和史
古川隆久

日本はなぜ戦争に突き進んだのか。私たちは、何を失い、何を手にしたのか。開戦から敗戦、復興、そして高度成長へと至る激動の64年間を、第一人者が一望する決定版！

1194
昭和史講義2
――専門研究者が見る戦争への道
筒井清忠編

なぜ戦前の日本は破綻への道を歩んだのか。その原因をより深く究明すべく、二十名の研究者が最新研究の成果を結集する。好評を博した昭和史講義シリーズ第二弾。

1196
戦後史の決定的瞬間
――写真家が見た激動の時代
藤原聡

時代が動く瞬間をとらえた一枚。その写真は希少な記録となり、背景を語った言葉は歴史の証言となった。日本を代表する写真家14人の131作品で振り返る戦後史。

1198
天文学者たちの江戸時代
――暦・宇宙観の大転換
嘉数次人

日本独自の暦を初めて作った渋川春海を嚆矢とする「江戸の天文学者」たち。先行する海外の知と格闘し、暦・宇宙の研究に情熱を燃やした彼らの思索をたどる。

1207
古墳の古代史
――東アジアのなかの日本
森下章司

社会変化の「渦」の中から支配者が出現した、古墳時代の中国・朝鮮・倭。一体何が起こったのか。日本と他地域の共通点と、明白な違いとは。最新考古学から考える。

1210
日本震災史
――復旧から復興への歩み
北原糸子

度重なる震災は日本社会をいかに作り替えてきたのか。有史以来、明治までの震災の復旧・復興の事例に焦点を当て、史料からこの国の災害対策の歩みを明らかにする。

ちくま新書

744 宗教学の名著30　島薗進
哲学、歴史学、文学、社会学、心理学など多領域から宗教理解、理論の諸成果を取り上げ、現代における宗教的なものの意味を問う。深い人間理解へ誘うブックガイド。

783 日々是修行　――現代人のための仏教一〇〇話　佐々木閑
仏教の本質とは生き方を変えることだ。日々のいとなみの中で智慧の力を磨けば、人は苦しみから自由になれる。科学の時代に光を放つ初期仏教の合理的な考え方とは。

916 葬儀と日本人　――位牌の比較宗教史　菊地章太
葬儀の原型は古代中国でつくられた。以来二千数百年、儒教・道教・仏教が混淆し、「先祖を祀る」という感情に収斂していく。位牌と葬儀の歴史を辿り、死生観を考える。

936 神も仏も大好きな日本人　島田裕巳
日本人はなぜ、無宗教と思いこんでいるのか？　神道と仏教がどのように融合し、分離されたか、その歴史をたどることで、日本人の隠された宗教観をあぶり出す。

1081 空海の思想　竹内信夫
「密教」の中国伝播という仏教の激動期に入唐した空海は何を得たのだろうか。中世的「弘法大師」信仰を解体し、空海の言葉に込められた「いのちの思想」に迫る。

1126 骨が語る日本人の歴史　片山一道
縄文人は南方起源ではなく、じつは「弥生人顔」も存在しなかった。骨考古学の最新成果に基づき、歴史学の通説を科学的に検証。日本人の真実の姿を明らかにする。

1145 ほんとうの法華経　橋爪大三郎　植木雅俊
仏教最高の教典・法華経が、サンスクリット原典から全面改訳された。植木雅俊によるその画期的な翻訳の秘密に橋爪大三郎が迫り、ブッダ本来の教えを解き明かす。

ちくま新書

1169 アイヌと縄文
——もうひとつの日本の歴史
瀬川拓郎
北海道で縄文の習俗を守り通したアイヌ。その文化から日本列島人の原郷の思想を明らかにし、日本人にとって、ありえたかもしれないもうひとつの歴史を再構成する。

1170 宗教に関心がなければいけないのか
小谷野敦
宗教に関心を持ちきれなかった著者による知的宗教遍歴から、道徳、死の恐怖との向き合い方まで、「宗教にぴんと来ない人」のための宗教入門ではない宗教本！

1201 入門　近代仏教思想
碧海寿広
近代日本の思想は、西洋哲学と仏教の出会いの中に生まれた。井上円了、清沢満之、近角常観、暁烏敏、倉田百三らの思考を掘り起こし、その深く広い影響を解明する。

1218 柳田国男
——知と社会構想の全貌
川田稔
狭義の民俗学にとどまらない「柳田学」はいかにして形成されたのか。農政官僚から学者へと転身するなかで紡がれた社会構想をはじめ、壮大な知の全貌を解明する。

1227 ヒトと文明
——狩猟採集民から現代を見る
尾本恵市
人類はいかに進化を遂げ、文明を築き上げてきたか。遺伝人類学の大家が、人類の歩みや日本人の起源を多角的に検証。狩猟採集民の視点から現代の問題を照射する。

1237 天災と日本人
——地震・洪水・噴火の民俗学
畑中章宏
地震、津波、洪水、噴火……日本人は、天災を生き抜く知恵を、風習や伝承、記念碑等で受け継いできた。各地の災害の記憶をたずね、日本人と天災の関係を探る。

1244 江戸東京の聖地を歩く
岡本亮輔
歴史と文化が物語を積み重ね、聖地を次々に生み出してきた江戸東京。神社仏閣から慰霊碑、墓、塔、スカイツリーまで、気鋭の宗教学者が聖地を自在に訪ね歩く。

ちくま新書

1273
誰も知らない熊野の遺産〈カラー新書〉
栂嶺レイ
世界遺産として有名になったが、熊野にはまだ手つかずの風景が残されている。失われつつある日本の、日本人の原型を探しにいこう。カラー写真満載の一冊。

1284
空海に学ぶ仏教入門
吉村均
空海の教えにこそ、伝統仏教の教義の核心が凝縮されている。弘法大師が説く、苦しみから解放される心のあり方「十住心」に、真の仏教の教えを学ぶ画期的入門書。

661
「奥の細道」をよむ
長谷川櫂
流転してやまない人の世の苦しみ。それをどう受け容れるのか。芭蕉は旅にその答えを見出した。芭蕉が得た大いなる境涯とは――。全行程を追体験しながら読み解く。

1254
万葉集から古代を読みとく
上野誠
民俗学や考古学の視点も駆使しながら万葉集全体を解剖し今につながる古代人の文化史、社会史をさぐる型破りの入門書。「表現して、残す」ことの原初性に迫る。

1044
司法権力の内幕
森炎
日本の裁判所はなぜ理不尽か。人質司法、不当判決、形式的な死刑基準……など、その背後に潜むゆがみや瑕疵を整理、解説。第三権力の核心をえぐる。

897
ルポ 餓死現場で生きる
石井光太
飢餓で苦しむ10億人。実際、彼らはどのように暮し、生き延びているのだろうか？ 売春、児童結婚、ＨＩＶ、子供兵など、美談では語られない真相に迫る。

1142
告発の正義
郷原信郎
公訴権を独占してきた「検察の正義」と、不正や不祥事を捜査機関に申告する「告発の正義」との対立、激変する両者の関係を腑分け。問題点から可能性まで考察する。

ちくま新書

803 検察の正義　郷原信郎
政治資金問題、被害者・遺族との関係、裁判員制度、検察審査会議決による起訴強制などで大きく揺れ動く検察の正義を問い直す。異色の検察OBによる渾身の書。

787 日本の殺人　河合幹雄
殺人者は、なぜ、どのように犯行におよんだのか。彼らにはどんな刑罰が与えられ、出所後はどう生活しているか……。仔細な検証から見えた人殺したちの実像とは。

830 死刑と無期懲役　坂本敏夫
受刑者の処遇や死刑執行に携わった刑務官がみた処罰の真実。反省を引き出し、規律と遵法精神を身につけさせようと励む刑務官が処刑のレバーを引く瞬間とは――。

1116 入門　犯罪心理学　原田隆之
目覚ましい発展を遂げた犯罪心理学。最新の研究により、防止や抑制に効果を発揮する行動科学となった。「新しい犯罪心理学」を紹介する本邦初の入門書！

1281 死刑　その哲学的考察　萱野稔人
死刑の存否をめぐり、鋭く意見が対立している。「結論ありき」でなく、死刑それ自体を深く考察することで、これまでの論争を根底から刷新する、究極の死刑論！

990 入門　朱子学と陽明学　小倉紀蔵
儒教を哲学化した朱子学と、それを継承しつつ克服しようとした陽明学。東アジアの思想空間を今も規定するその世界観の真実に迫る、全く新しいタイプの入門概説書。

1079 入門　老荘思想　湯浅邦弘
俗世の常識や価値観から我々を解き放とうとする「老子」と「荘子」の思想。新発見の資料を踏まえてその教えをじっくり読み、謎に包まれた思想をいま解き明かす。